चिट्ठियाँ रेणु की भाई बिरजू को

चिट्ठियाँ रेणु की भाई बिरजू को

संकलन

विद्यासागर गुप्ता

सम्पादन

प्रयाग शुक्ल
रुचिरा गुप्ता

राजकमल प्रकाशन

ISBN : 978-93-90971-68-8

मूल्य : ₹695

पहला संस्करण : 2022

प्रकाशक : राजकमल प्रकाशन प्रा. लि.
1-बी, नेताजी सुभाष मार्ग, दरियागंज
नई दिल्ली-110 002

शाखाएँ : अशोक राजपथ, साइंस कॉलेज के सामने, पटना-800 006
पहली मंज़िल, दरबारी बिल्डिंग, महात्मा गांधी मार्ग, प्रयागराज-211 001
36 ए, शेक्सपियर सरणी, कोलकाता-700 017

वेबसाइट : www.rajkamalprakashan.com
ईमेल : info@rajkamalprakashan.com

मुद्रक : बी.के. ऑफसेट
नवीन शाहदरा, दिल्ली-110 032

CHITTHIYAN RENU KI BHAI BIRJOO KO
Compilation by Vidyasagar Gupta
Edited by Prayag Shukla, Ruchira Gupta

यह पुस्तक समर्पित है

मेरे बड़े भाई बालकृष्ण गुप्ता तथा बिरजू बाबू को जिनके राजनीतिक और साहित्यिक निजी सम्बन्धों ने हमारे घर के वातावरण को इतना समृद्ध बनाया कि हमें भारत के प्रसिद्ध राजनीतिक नेताओं और साहित्यिक व्यक्तियों से मिलने का मौका मिला।

मेरे बालसखा अशोक सेकसरिया को जिसके लिए मर्म ही धर्म था वह चाहे राजनीति हो या साहित्य।

मेरी बेटी रुचिरा को जो इस किताब को तैयार करने का मुझसे लगातार आग्रह करती रही तथा उसी की प्रेरणा से यह पुस्तक बन पाई।

—विद्यासागर गुप्ता

जगदीश मिल्स
फारबिसगंज (अररिया), बिहार

कृतज्ञता-ज्ञापन

इस पुस्तक को तैयार करने में जिन-जिन का सहयोग मिला सब धन्यवाद के पात्र हैं। मैं विशेष आभारी हूँ, अपने मित्र प्रयाग शुक्ल का जिन्होंने बहुत ख़ुशी से इस पुस्तक का सम्पादन करने का जिम्मा लेकर इसे सम्पूर्ण किया। मैं आभारी हूँ राजकमल प्रकाशन के अशोक महेश्वरी का जिन्होंने बहुत ही सुन्दर रूप से इस पुस्तक का प्रकाशन किया। मैं आभारी हूँ रेणु जी के पुत्र पद्मपराग राय वेणु तथा दक्षिणेश्वर राय का जिन्होंने काफी जानकारी दी तथा रेणु जी से सम्बन्धित फोटो उपलब्ध करवाए।

मैं आभारी हूँ पूर्णिया अंचल के साहित्यकार स्व. कमला प्रसाद बेखबर, अनुज प्रभात तथा कर्नल अजित दत्त का जिनसे रेणु जी के बारे में काफी जानकारियाँ मिलीं। मैं आभारी हूँ प्रवीन कुमार का जिन्होंने पूरी सामग्री को इकट्ठा करके पुस्तक की पांडुलिपि तैयार की।

—विद्यासागर गुप्ता

क्रम

चिट्ठियाँ

परिशिष्ट

प्रस्तावना

पत्र लेखन आज (मोबाइल फोन और इंटरनेट) के युग में इतिहास की बात हो गई है। पहली डाक सेवा इंग्लैंड में 1840 में शुरू हुई थी तथा भारत में 1854 में ईस्ट इंडिया कम्पनी ने शुरू की। अब हम पोस्टमैन (डाकिये) का इन्तजार नहीं करते। एस.एम.एस. का इन्तजार रहता है। हर हाथ में मोबाइल फोन, लैपटॉप प्रगति का मापदंड हो गया है। एक जमाना था जब पोस्टमैन हमारे घर पर चिट्ठियाँ लेकर आता था। सुख-दुख, पास-फेल, जन्म-मरण, शादी-विवाह सबकी खबर हमें चिट्ठियों से ही मिलती थी। साप्ताहिक-मासिक पत्रिकाएँ सब डाक से ही आती थीं। हमारे पिताजी को 'कल्याण' (गीता प्रेस, गोरखपुर) का इन्तजार रहता था, हमें बाल पत्रिकाओं का तथा भाई साहब को 'विशाल भारत', 'मॉडर्न रिव्यू', 'सरस्वती' और 'जनता' का इन्तजार रहता था। ये सभी डाक से आती थीं। साहित्य में पत्रिकाओं का विशेष महत्त्व होता था। गांधी जी और रवीन्द्रनाथ टैगोर का पत्र-व्यवहार तो जगत विख्यात है। गांधी जी उनको मिले हर पत्र का जवाब देते थे तथा उन पत्रों के कई संस्करण छप भी गए हैं। नेहरू जी ने आजादी की लड़ाई के दौर में जेल से अपनी बेटी इन्दिरा गांधी को जो पत्र लिखे वे बाद में 'पिता का पत्र पुत्री के नाम' से पुस्तकाकार छपे और आज इस पुस्तक को महत्त्वपूर्ण कृतियों में शामिल किया जाता है। समाजवादी नेता: डॉ. राममनोहर लोहिया के अपनी पार्टी के कार्यकर्ताओं तथा पार्टी के पदाधिकारियों को लिखे पत्र अपना विशेष महत्त्व रखते हैं। उस समय स्कूलों में पत्र लेखन भी एक विषय होता था। ख़त लिखने का बाकायदा एक 'कल्चर' हुआ करता था और लिखाई, ख़त लिखनेवाले

का पहला परिचय हुआ करता था। व्यापारिक पत्र, साहित्यिक पत्र, प्रेम पत्र और दोस्तों के पत्र। बड़े-बड़े महापुरुषों के पत्रों को लोग सँभालकर रखते थे। उन ख़तों के संग्रह भी छपे हैं। इन पत्रों की नीलामी आज भी करोड़ों रुपये में होती है और वे आर्काइव (पुरालेखागार) में रखे हुए हैं। पत्र-दस्तावेज उस समय की परिस्थितियों की पूरी जानकारी देते हैं। शोध करनेवाले विद्यार्थियों को इन पत्रों से बहुत सामग्री मिलती है।

चित्रकार वान गॉग के पत्र एक बड़ी धरोहर की तरह हैं।

हम इस पुस्तक में फणीश्वरनाथ 'रेणु' के अपने घनिष्ठ बन्धु बिरजू बाबू को लिखे पत्र दे रहे हैं। रेणु जी तथा बिरजू बाबू की दोस्ती करीब 30 वर्षों की रही। 1944 से 1977 में रेणु की मृत्यु तक। उनकी कैसी घनिष्ठता थी वह इन पत्रों से पता चलता है। कभी भाई, कभी प्रिय भाई, कभी आदरणीय भाई के सम्बोधन में ब्रजमोहन और बिरजू बाबू दोनों ही हुआ करते थे। पत्रों में उनकी बिरजू बाबू से अन्तरंगता स्पष्ट दिखती है। रेणु बतलाते थे कि उनका नाम उनके पिताजी ने 'रेणुआ' इसलिए रखा था कि उस समय उन पर बहुत ऋण हो गया था। वही रेणुआ नाम आगे चलकर रेणु हो गया लेकिन वे कर्ज तथा आर्थिक तंगी से कभी उबर नहीं पाए। 'मारे गए गुलफाम' कहानी पर 'तीसरी कसम' फिल्म बनने के बाद रेणु के मित्र शैलेन्द्र पर भी इतना कर्ज हो गया था कि वह एक तरह से उनकी मौत का कारण बना।

रेणु अपनी हर बात, हर समस्या—पारिवारिक, राजनीतिक, साहित्यिक से लेकर बेटी की शादी, अपनी आर्थिक कठिनाइयाँ (जो हमेशा उनके साथ रहीं) पर सब सलाह-मशविरा करते थे बिरजू बाबू से। और बिरजू बाबू यह जानते हुए भी कि जो आर्थिक सहायता रेणु जी माँग रहे हैं वह प्राय: कभी वापस नहीं आने वाली है फिर भी उनकी जरूरतें हमेशा पूरी करते रहते थे। अपनी आवश्यकताओं की जानकारी देने में न तो रेणु को कभी संकोच होता था और न ही बिरजू बाबू को उनकी आवश्यकताओं को पूरा करने में। वे हमेशा इसके लिए तत्पर रहते थे। बहुत ही खुला और स्नेहपूर्ण सम्बन्ध था उनका। जैसे कि घर का आदमी अपने सम्पन्न रिश्तेदार को

अपनी जरूरत बताने में संकोच नहीं करता, रेणु भी नहीं करते थे। गजब का रिश्ता था रेणु और बिरजू बाबू का।

रेणु कम शब्दों में अपनी पूरी जीवन स्थिति, मन:स्थिति, छटपटाहट, तनाव, बीमारी का वर्णन, जिस कुशलता से अपने दिल से लिख सकते थे—वही उनके महान लेखक होने का प्रमाण है। रेणु की सर्जनात्मक प्रतिभा उनके पत्रों में भी है। अपने पत्रों में कभी लोगों की समस्या लिखते हैं, कभी डायरी, कभी अपनी मन:स्थिति को रखते हैं और कभी-कभी अपनी जीवन परिस्थितियों को। कभी वे अपनी आस्था और अपने किसी विश्वास को व्यक्त करते हैं।

रेणु के निजी जीवन की पड़ताल उनके पत्रों के द्वारा भी की जा सकती है। उनके पत्रों से ही उनके बारे में कई अघटित तथ्यों की जानकारी मिलती है। रेणु खेती-बारी, फसल-किसानी, गाँव-देहात की बातें अपने अधिकांश पत्रों में करते हैं। वह देहात के आदमी थे—देहाती सोच, किसानी करने में विशेष आनन्द पाते थे। अच्छी फसल होने से कितना खुश होते थे तथा सूखा पड़ने से उन्हें कितनी तकलीफ होती थी। बिरजू बाबू को एक पत्र में लिखते हैं, सभी हाल समाचार के बाद—"गाँव-घर, खेत-खलिहान अभी बेमानी हो रहा है। मड़ुआ का भाव एक रुपया सात आना, तीस रुपया मन पाट का। खेत में पानी नहीं है। नहरी इलाका होने के बाद भी हम सब इन्द्र महाराज के आसरे बैठे हैं। पता नहीं अब क्या होगा?"

रेणु किसान हैं—गँवई-गाँव औराही हिंगना का 'गँवार' लड़का है वह। अति उत्साह से सक्रिय राजनीतिक कार्यकर्ता है। 1942 के स्वतंत्रता आन्दोलन में सक्रिय भागीदारी और दो वर्ष भागलपुर जेल में जेल की सजा भुगतनेवाला। भागलपुर जेल में पहले से ही द्विजदेनी तथा सतीनाथ भादुड़ी ('जागीरी' तथा 'ढोढाई चरितमानस' के लेखक) सजा भुगत रहे थे। रेणु पर इन दोनों महान साहित्यकारों का विशेष प्रभाव पड़ा। वे इनको अपना राजनीतिक तथा साहित्यिक गुरु मानते थे। पटना के कॉफी हाउस का शहरी इंटेलेक्चुअल। रामकृष्ण परमहंस का चेला। 1951 के नेपाल के राष्ट्रीय आन्दोलन में मोर्चे पर बन्दूक लेकर लड़नेवाला। लोकनायक जयप्रकाश

नारायण के 1975 के, प्रधानमंत्री इन्दिरा गांधी के आपातकाल के खिलाफ, आन्दोलन में पूरे जोशखरोश से बीमारी की हालत में शामिल होकर गांधी मैदान, पटना की मीटिंग में राष्ट्रकवि दिनकर की कविता 'सिंहासन खाली करो कि जनता आती है' पढ़कर सुनानेवाला। भारत सरकार द्वारा प्रदत्त पद्मश्री लौटानेवाला तथा फिर से जेल की सजा भुगतनेवाला। ये सब रेणु के विविध रूप हैं, जिनके पीछे एक अत्यन्त संवेदनशील मन काम कर रहा है।

रेणु जी ने अपना पहला उपन्यास 'मैला आँचल' 1952 में लिखकर पूरा किया, इसमें आंचलिकता की सारी सम्भावनाओं का उपयोग किया, पर नए उपन्यासकार के उपन्यास को छापने के लिए कोई भी प्रकाशक तैयार नहीं हुआ। रेणु ने अपने उपन्यास की पांडुलिपि बिरजू बाबू को दी और आग्रह किया कि वे किसी प्रकार इस उपन्यास को प्रकाशित करवाएँ। 29/11/1953 को रेणु ने बिरजू बाबू को लिखा (पूरा पत्र संकलन में है)।

> 'दिन-रात परिश्रम करके जिसके 350 या 400 पृष्ठों का तानाबाना बुन डाला। चीज अच्छी उतर गई है, इसीलिए बड़ा मोह हो गया है।... यह पांडुलिपि जब तक अप्रकाशित अवस्था में मेरे पास पड़ी रहेगी; समझो—बिना ब्याही जवान बेटी गरीब की! और क्या कहूँ?
>
> तो पांडुलिपि टाइप भी गंभीर और भोंड़ी गलतियों के साथ ही भेज रहा हूँ।...
>
> आपसे विशेष क्या कहूँ? आप चाहें तो अपने बंधुओं से मिलकर—थोड़ा परिश्रम तो करना ही पड़ेगा—इसकी प्रकाशन की समस्या को हल कर सकते हैं।...आप अपने अकर्मण्य (जिसे सेहत ने बना दिया—अकर्मण्य 'निष्काम योगी'?) साहित्यिक मित्र को 'डिप्रेस्ड' नहीं कीजिएगा—यही आशा है...।
>
> तो बिरजू बाबू आज इतना ही। योग्य सेवा लिखेंगे।...

Phanishwar Nath Renu
(Editor—'NAYA KADAM')

औराही-
~~PATNA~~
Date २६।११।५३

भाई ब्रजमोहन जी,

जैसा कि मैंने वादा किया था, दूसरे ही दिन "मैला आंचल" की पांडुलिपि नहीं भेज सका। टाइप की गलतियों को दुरुस्त कर देना था, सो वहां से आते ही भीषण सर्दी-जुकाम का मुकाबला करना पड़ गया। फिर घर के चंद झगड़े और परेशानियों में गलतियां दुरुस्त होने से रहीं। कल एक बार कुछ काम करना चाहा, किंतु सच बताऊँ आपसे — हिम्मत नहीं हुई कि पांडुलिपि के पन्नों को स्पर्श भी करूं। हिम्मत नहीं होती है। ...... लम्बी और खतरनाक बीमारी के दिनों; दिन रात अस्पताल की कचकचाने वाली खटिया पर करवटें ले लेकर - जिसके 'थीम' ~~[illegible]~~ को गूंथने का काम किया। जिसके climax तथा पात्रों ने मुझे जीने की उम्मीद बँधाई। और बार बार यही मन की लालसा किसी अज्ञात शक्ति के सामने रखता रहा कि - जब जी जाऊँ तो इसे लिख लूं। जी गया। वादा पूरा किया। दिन रात परिश्रम करके जिसके ३५० या ४०० पृष्ठों का ताना बाना बुन डाला। चीज अच्छी उतर गई है इसी लिए बड़ा मोह हो गया है।... यह पांडुलिपि जब तक अप्रकाशित अवस्था में मेरे पास पड़ी रहेगी; समझो - बिन ब्याही जवान बेटी - गोद की! और क्या कहूं?

तो पांडुलिपि - टाइप की गंभीर और मोटी गलतियों के साथ ही भेज रहा हूं।

भाई

कुछ पन्ने आँ. Pin up किये हुए हैं। जेम्स क्लीप लगा दीजिएगा।

इसे सुधार कर पढ़ लेंगे। पूरी पांडुलिपि मेरे पास नहीं — शुरू के भी अंशों से आधा भेज रहा हूं। यदि आप चाहेंगे तो बाकी भी भेज दूंगा।

आपसे विशेष क्या कहूं? आप चाहें तो अपने बंधुओं से मिल कर — थोड़ा परिश्रम तो करना पड़ेगा — इसकी प्रकाशन की समस्या को हल कर सकते हैं। अपने बंधुओं में से जो हमारे common friend हों, यदि आप कहें तो मैं भी मिलूं। लेकिन मुझे बहुत संकोच होता है। फिर भी, अपने काम में संकोच करने से तो नहीं चलेगा। यों आप उन्हें मेरा यह संदेश कह दें — राजनीति में रह कर — मैं अपनी पार्टी के लिए भले ही आप से कुछ मांगने नहीं गया होऊं; लेकिन आपने विभिन्न राजनीतिक पार्टियों को और व्यक्तियों को जैसे मौके समय में (और खुल कर भी) सहायता की है, वह कम से कम मुझसे तो छिपी नहीं। वह व्यापार का जमाना था आपका; मानता हूं — यह "डिप्रेशन" का समय आ रहा है। किंतु, आप अपने अकर्मण्य (जिसे सेहत ने बना दिया "अकर्मण्य — निष्काम योगी"!) साहित्यिक मित्र को 'डिप्रेस्ड' नहीं कीजिएगा — यही आशा है। और मेरी मांग कोई लम्बी चौड़ी नहीं। इसे आप सब मिल कर बगैर किसी विशाल आयोजन के कर दे सकते हैं — बशर्ते मुझ पर आपका स्नेह और प्यार रहे।"

तो फिर प्रभु! आज इतना ही! पत्रोत्तर जल्द लिखेंगे।

आपका
[signature]

P.S. यदि आप उपयुक्त तथा आवश्यक समझें तो मुझे बुला सकते हैं।

बिरजू बाबू ने अपने साहित्यिक सम्पर्कों से पुस्तक को प्रकाशित करवाने की बहुत कोशिश की पर कोई भी प्रकाशक नये लेखक का उपन्यास छापने को तैयार नहीं हुआ। बिरजू बाबू ने बहुत ही दुविधा से अपनी असमर्थता प्रकट की तथा पांडुलिपि रेणु को लौटा दी। रेणु की दूसरी पत्नी (लतिका जी) ने कुछ कर्ज का प्रबन्ध किया तथा रेणु ने अपने सम्पर्क से कुछ इन्तजाम करके पटना के एक प्रकाशक (समता प्रकाशन) से 1954 में इसे प्रकाशित कराया और हिन्दी साहित्य जगत में रेणु ने अपने पहले ही उपन्यास 'मैला आँचल' से अपना डंका बजा दिया। आगे राजकमल प्रकाशन ने इसे प्रकाशित किया, और तब से वहीं से इसका प्रकाशन होता आ रहा है।

रेणु ने 'मैला आँचल' के प्रथम संस्करण (1954) की भूमिका यों लिखी है—

> यह है मैला आँचल, एक आंचलिक उपन्यास। कथानक है पूर्णिया। पूर्णिया बिहार राज्य का एक जिला है। इसके एक ओर है नेपाल (बिराटनगर), दूसरी ओर पाकिस्तान (अब बांग्लादेश) और पश्चिम बंगाल। विभिन्न सीमा रेखाओं से इसकी बनावट मुकम्मल हो जाती है, जब हम दक्खिन में संथाल परगना और पश्चिम में मिथिला की सीमाएँ खींचते हैं। मैंने एक हिस्से के एक ही गाँव का प्रतीक मानकर इस उपन्यास कथा का क्षेत्र बनाया है।
>
> इसमें फूल भी हैं, शूल भी हैं, धूल भी है, चन्दन की सुन्दरता भी है, कुरूपता भी, मैं किसी से दामन बचाकर निकल नहीं पाया।
>
> कथा की सारी अच्छाइयों और बुराइयों के साथ साहित्य की दहलीज पर आ खड़ा हूँ, पता नहीं अच्छा किया या बुरा। जो भी हो, अपनी निष्ठा में कमी महसूस नहीं करता।

रेणु ने भारत के ग्राम की आंचलिकता की सारी सम्भावनाओं का उपयोग अपने लेखन में किया। अंचल का लोक तत्त्व, गीत-नाद, लोककथाएँ, स्थानीय

रंग, जीवन, राजनीतिक दाँव-पेच, बोली-बानी का सांगीतिक वातावरण बेशक हिन्दी कथा साहित्य के लिए अब तक अघटित नई बातें थीं जिनके कारण रेणु ने नई राह बनाई और निर्विवादित रूप से बड़े लेखक हुए। बड़े ही नहीं अप्रतिम भी। उनके उपन्यास के सारे चरित्र उनके आसपास रहनेवाले लोग थे। रेणु के आंचलिक उपन्यासों और कहानियों की धूम मच गई। ऐसी धूम मची कि हिन्दी कथा साहित्य अर्से तक आंचलिकता के इर्द-गिर्द ही चक्कर काटता रहा।

हमें इसी साल (2020) अचानक रेणु जी द्वारा बिरजू बाबू को लिखे पत्रों की फ़ाइल मिली जिसमें 60 से अधिक पत्र थे। हमारे परिवार से विशेषकर मेरे बड़े भाई बिरजू बाबू से, जो स्थायी रूप से कलकत्ता की पढ़ाई करके फारबिसगंज रहने लगे थे, रेणु जी का करीब 30 वर्षों का घनिष्ठ सम्बन्ध रहा। 1944 से शुरू करके रेणु के देहान्त के साल 1977 तक। सम्बन्ध कितना गहरा था वह इन पत्रों से पता चलता है। हमारे सबसे बड़े भाई बालकृष्ण गुप्ता भारत की सोशलिस्ट पार्टी के संस्थापक सदस्य थे। लोकनायक जयप्रकाश नारायण तथा डॉ. राममनोहर लोहिया से उनके निजी (घनिष्ठ) सम्बन्ध थे तथा वे लोग फारबिसगंज के घर में प्रायः आकर रहते थे। उन्होंने पूर्णिया जिले से दो बार सोशलिस्ट पार्टी के उम्मीदवार के रूप में लोकसभा का चुनाव लड़ा तथा उन चुनावों की मीटिंग में रेणु भी प्रचार करने जाते थे। वे 1967 से 1972 तक राज्यसभा के सदस्य रहे। वे सोशलिस्ट पार्टी की मासिक पत्रिका 'जन' तथा 'मैनकाइंड' के सम्पादक भी रहे। भारत के विभिन्न पत्रों में आर्थिक तथा वैश्विक राजनीति पर उनके लेख छपते रहते थे। इन सम्बन्धों के कारण हमारा फारबिसगंज का घर 'जगदीश मिल' तथा कलकत्ता का घर 'मार्बल हाउस' भारत के सोशलिस्ट पार्टी के नेताओं, कार्यकर्ताओं तथा साहित्यकारों का अड्डा बन गया था। सायं 4 बजे की चाय पर यह अड्डा करीब प्रतिदिन ही जमता था। उस समय के फारबिसगंज, बिहार के कांग्रेसी नेता वैद्यनाथ चौधरी, बोकाय मंडल तथा समाजवादी नेता नरसिंह नारायण सिंह, कमलनाथ झा, सरयू मिश्र, सुधांशु जी, सतीनाथ भादुड़ी, बेनीपुरी जी, नागार्जुन

सभी सम्मिलित होते थे। रेणु जब भागलपुर जेल से 1944 में छूटकर आए तो अपने आप ही हमारे घर की इन गोष्ठियों में शामिल होने लगे। बिरजू बाबू तब फारबिसगंज में पूरी तरह रहने लगे थे। रेणु तथा नागार्जुन से उनकी घनिष्ठता बढ़ती गई। रेणु का तो यह दूसरा स्थायी घर ही हो गया था।

हमारी काफी कोशिश और खोज के बाद भी हमें बिरजू बाबू का रेणु को लिखा एक भी पत्र न तो रेणु के घर औराही हिंगना में मिला न पटना के घर पर। उसी खोज में हमें रेणु से सम्बधित कुछ ऐसी अप्रकाशित सामग्री मिली जो बहुत ही ऐतिहासिक तथा महत्त्वपूर्ण है। हम उस सामग्री को भी इस पुस्तक के दस्तावेज में (परिशिष्ट) में प्रकाशित करने से अपने को रोक नहीं पा रहे हैं। इस सामग्री में लोकनायक जयप्रकाश नारायण का एक पत्र शामिल है जो उन्होंने जसलोक अस्पताल (बम्बई) से अपनी रुग्ण अवस्था में 05/02/1975 को रेणु को लिखा था। रेणु के नाम लिखी उनकी मशहूर कविता 'असफलता' उसी पत्र में है।

रेणु ने उम्मीदवार के रूप में फारबिसगंज क्षेत्र से अपने मित्र सरयू मिश्र (कांग्रेस के उम्मीदवार) के खिलाफ 1972 में विधानसभा का चुनाव लड़ा था उससे सम्बन्धित कुछ अप्रकाशित पर्चे भी इस किताब में छाप रहे हैं।

पड़ोसी देश नेपाल के भूतपूर्व प्रधानमंत्री बी.पी. कोइराला (अब दिवंगत) को राणाशाही के खिलाफ 1950-51 के संघर्ष के महान नेता तथा नेपाल में जनतंत्र की स्थापना का श्रेय जाता है। रेणु की प्राथमिक शिक्षा कोइराला निवास बिराटनगर में हुई थी। रेणु उनको आदर से सान्दाजु (बड़े भाई से छोटा भाई) और सबसे बड़े भाई श्री मातृका प्रसाद कोइराला को सबकी तरह ठुल्दाजु कहते थे। नेपाल से अज्ञातवास (देश निकाला) के हुक्म के बाद कोइराला परिवार सालों हमारे फारबिसगंज के घर पर ही रहा था। रेणु की पुस्तक 'नेपाली क्रान्ति कथा' में यह छपा है। प्रसंगवश उसका एक अंश भी इस पुस्तक में दिया जा रहा है।

कई साहित्यकार मित्रों से इन पत्रों के बारे में चर्चा होती रहती थी सबकी यही राय थी कि इन पत्रों का तथा जो सामग्री इकट्ठी हुई है, उन

सबका पुस्तकाकार प्रकाशन होना चाहिए। रेणु की कई अनकही जानकारियाँ पाठकों को इन पत्रों से मिलेंगी। सबने कहा कि आपका यह दायित्व है कि आप शीघ्र ही इनके प्रकाशन की व्यवस्था करें।

आज हमें खुशी है कि अब इन पत्रों का संकलन 'चिट्ठियाँ रेणु की भाई बिरजू को' नाम से प्रकाशित हो रहा है।

—विद्यासागर गुप्ता

रेणु और बिरजू बाबू

अद्‌भुत एक मैत्री कथा

फरवरी 1977 की बात है। पटना से लतिका जी (रेणु की पत्नी) का फोन आया कि रेणु जी काफी अस्वस्थ हैं और पटना हॉस्पिटल में भर्ती हैं। उनकी आपसे मिलने की बहुत इच्छा है और कहा है कि आप उनके लिए पटना आते वक्त कलकत्ता की मशहूर मिठाई की दुकान 'नकरचन्द नन्दी' का नालेर गुड़ का सन्देश लेकर जरूर आएँ।

एक छोटे-से गाँव औराही हिंगना में साधारण किसान परिवार में जन्मे फणीश्वरनाथ 'रेणु' का खाने-पीने का शौक अभिजात्य वर्ग जैसा था। कहाँ कौन-सी चीज बढ़िया बनती थी उन्हें पता होता था। जब भी हम पटना जाते थे वे पटना के मशहूर पिंटू की दुकान का रसगुल्ला जरूर खिलाते थे। कलकत्ता और पटना में कहाँ-कहाँ निखालिस चाइनीज खाना मिलता था उन्हें इसकी जानकारी होती थी। वे हमेशा हम लोगों को टेंगडा में चुगवाह या चाइना टाउन में चाइनीज खाने के लिए ले जाते थे। पटना के कॉफी हाउस का एक कोना 'रेणु कार्नर' के नाम से ही जाना जाता था। रेणु जी जब भी पटना में रहते, रोज तीन-चार घंटे उनकी बैठक जमती थी, जिसमें वहाँ के पत्रकार, प्रकाशक, राजनीतिक मित्र मिल-बैठकर अड्डा लगाते थे।

रेणु जी फारबिसगंज या कलकत्ता में हमारे घर जब भी आते, एक साथ भोजन करने बैठते, तो बहुत स्वाद लेकर हर व्यंजन खाते थे। वे मछली खाने के बहुत शौकीन थे। फारबिसगंज जब भी आते

थे, हम लोगों और रेणु जी के मित्र सरयू मिश्र जी को कहलाया जाता था कि अपने ग्राम भदेसर के पोखर की मछली जरूर बनावाएँ। रेणु जी मछली को जल तरोई कहते थे। सरयू बाबू के यहाँ दही-चूड़ा और मछली का भोज जिसने भी एक बार खाया, वह अभी तक याद करता है। वे हमेशा हमारे यहाँ नवान्न का दही-चूड़ा भेजते थे। कभी लिखते—

> आपका इस बार का नवान्न का दही-चूड़ा बाकी है, मालकिन शायद बुधवार को खुद लेकर आए।
>
> 21/02/1975 के पत्र में वे बिरजू बाबू को लिखते हैं—
>
> वेणु की माँ आपके लिए खीर भेज रही हैं—इसमें चीनी नहीं डाली गई है।* एक और पत्र में लिखते हैं कि "वेणु की माँ थोड़ा सत्तू भेज रही है आपके लिए। मैं इसे दूध चीनी में घोलकर लेता हूँ। आप सिर्फ दूध में ले सकते हैं।"

मैं अपने साथ 'नकरचन्द नन्दी, गिरीशचन्द्र डे' की दुकान का सन्देश लेकर पटना अस्पताल पहुँचा तो उनकी रुग्ण अवस्था को देखकर मन को बड़ा धक्का लगा। हिन्दी का महान साहित्यकार, लोकनायक जयप्रकाश नारायण के 1976-77 के आन्दोलन में सक्रिय भूमिका निभाकर, जेल की सजा काटनेवाला, सरकार द्वारा प्रदत्त पद्मश्री लौटानेवाला, जेनरल वार्ड में अकेला पड़ा, कंकाल शरीर के साथ जीवन की आखिरी साँस गिन रहा है। शर्म से सर झुक गया। बिहार सरकार पर गुस्सा भी आया। पता चला, कुछ दिन पहले नेपाल के भूतपूर्व प्रधानमंत्री बी.पी. कोइराला, अमेरिका से अपने कैंसर का इलाज कराकर वापस काठमांडू जाने के रास्ते पटना आए और वहाँ उन्हें रेणु की बीमारी का पता चलने पर उनसे मिलने अस्पताल आए थे। बी.पी. कोइराला ने लिखा है—

---

* बिरजू बाबू को चीनी (शुगर) की बीमारी थी।

औराही-हिंगना

२१/२/७५

भाई विजूबाबू,

रतना ने आज तीन पेड़ कटवा लिया है। कल उन्हें 'टोनी' यानी टुकड़े में करेंगे। परसों-तीन पेड़ की टोनियाँ या तो बैलगाड़ी अथवा ट्रैक्टर के द्वारा पहुँचायी जा सकती हैं— ऐसा इसका कहना है।

मैं इसको आपके पास सीधे भेज रहा हूँ— इससे साफ-साफ सारी बातें कर लेंगे कि कब तक सारी लकड़ियाँ और किस तरह यहाँ पहुँचायेगा।

वेणु जी माँ आपके लिए खीर भेज रही हैं— इसमें चीनी नहीं डाली गई है।

हम लोग कल आ रहे हैं। बाकी बातें होंगी।

भाई ही

रेणु

अस्पताल में शैयालीन रेणु को देखा। वह एक कंकाल बना हुआ था। डाक्टर ने बताया कि वह कुछेक जानलेवा रोगों से ग्रस्त है। लेकिन मेरे लाख मना करने पर भी उठ बैठा और मेरे पाँव छूकर, गोया कोई खोई चीज पाकर गद्गद हो गया। वह मुझे हमेशा सदाज्यु (बड़ा भाई) कहता था। उसने धीरे-धीरे कहा कि मैं अभी बीमार हूँ सदाज्यु अतः नेपाल की दूसरी प्रजातांत्रिक लड़ाई में आपको सहयोग नहीं दे सकूँगा। लेकिन जैसे ही स्वस्थ हो जाऊँगा तब सारनाथ आकर सुशीला भाउजी (बी.पी. की पत्नी) के पास रहूँगा और सेवा करूँगा। रेणु मेरे छोटे भाई जैसा था।

11 अप्रैल, 1977 को रेणु जी की मृत्यु हो गई। कोइराला को इसकी जानकारी काठमांडू जेल में मिली। इस बारे में उन्होंने लिखा है—

> उसकी मृत्यु से लगा कि मेरी एक बड़ी चीज खो गई है।...मेरे लिए रेणु मरा नहीं है। वह मेरे हृदय में जीवित है। हम कोइराला परिवार के सदस्यों के हृदय में जीवित हैं, हम प्रजातंत्र के बारे में नेपाली या भारतीय सिपाहियों के हृदय में जीवित हैं। रेणु मर गया, लेकिन रेणु जिन्दा है। अपनी जिन्दादिली के लिए, अपने क्रान्तिकारी विचारों के लिए, तानाशाही के विरुद्ध संघर्ष के लिए, अपनी जिजीविषा के लिए, अपनी सिसृक्षा के लिए...।

लोकनायक जयप्रकाश नारायण ने उनकी मृत्यु पर कहा :

> रेणु के आकस्मिक निधन से अपूरणीय क्षति समाज और साहित्य को हुई है। वे मेरे सम्मानित मित्र और सहयोगी थे। जन-आन्दोलन में उनका योगदान अभूतपूर्व रहा है। बिहार जन-आन्दोलन में सम्पूर्ण क्रान्ति और सांस्कृतिक क्रान्ति को जिस प्रकार उन्होंने जोड़ा था, वह अविस्मरणीय है। वे एक सच्चे सत्याग्रही थे। 30 वर्षों के स्वराज्य के बावजूद भारत माता

का आँचल आज भी उतना ही मैला है जितना रेणु ने 'मैला आँचल' में लिखा है। जे.पी. को रेणु ने जसलोक अस्पताल से अपनी लिखी कविता प्रणव चटर्जी के मार्फ़त भिजवाई थी।*

रेणु जी की मृत्यु का समाचार 11 अप्रैल, 1977 को मुझे बम्बई (मुम्बई) में जुगनू शारदेय ने दिया और रात में रेडियो स्टेशन पर 'रेणु की याद' कार्यक्रम में शरीक होने के लिए कहा। तब मुझे अपने परिवार के साथ फारबिसगंज में जगदीश मिल में रेणु जी के साथ बिताये दिन की हर बात याद आने लगी थी। हमारे परिवार, विशेषकर मेरे बड़े भाई बिरजू बाबू से रेणु जी का 1946 से 1977 तक करीब 30 वर्षों का घनिष्ठ सम्बन्ध रहा है।

रेणु जी के गाँव औराही हिंगना से फारबिसगंज की दूरी करीब आठ मील है। रेणु के गाँव तथा आसपास के देहात के मुसाफिरों को ट्रेन पकड़ने के लिए फारबिसगंज स्टेशन आना पड़ता है। फारबिसगंज रेलवे स्टेशन 1895 में बन गया था। सुल्तानपुर स्टेट के अंग्रेज मालिक फोरबेस साहब की कोशिश से 1895 में पूर्णिया से आगे बढ़कर रेलवे लाइन फारबिसगंज लाई गई और उसी के नाम पर स्टेशन और जगह का नाम सुल्तानपुर से बदलकर फारबिसगंज हो गया।

अंग्रेजों ने 1858 में परवाह स्टेट के जमींदार मीर साहब और राजा प्रताप सिंह से सुल्तानपुर स्टेट की जमींदारी खरीदकर अपनी जमींदारी स्थापित की। उस समय सुल्तानपुर एक छोटा-सा गाँव होता था जिसकी आबादी करीब पाँच हजार होती थी। अंग्रेज वहाँ के किसानों से जबरदस्ती नील की खेती करवाते थे और तरह-तरह की मालगुजारी वसूलते थे। बेगारी व्यवस्था तो ऐसी थी कि सारी गरीब जनता परेशान रहती थी। बिना मजदूरी काम करवाना अंग्रेज जमींदार का हक़ था। जनता उनसे त्रस्त रहती थी। पूरे कस्बे में कोई भी उनकी इजाजत के बिना पक्का मकान नहीं बना सकता था। टिन के छप्पर के मकान होते थे। अंग्रेजों की स्टेट सुल्तान पोखर के पास थी, वहाँ उनका पक्का मकान, कचहरी, जेल, नील बनाने

---

* वह इस पुस्तक में शामिल है।

के हौज, आज भी जीर्ण-शीर्ण अवस्था में मौजूद हैं। सुल्तान पोखर के बारे में कुछ किंवदंतियाँ भी प्रसिद्ध हैं। अंग्रेजों से पहले यहाँ के जमींदार सुल्तान का एक ब्राह्मण युवती से प्रेम हो गया था। वह सुल्तान के साथ रहने लगी थी। एक दिन वे दोनों पोखर में नौका विहार कर रहे थे। युवती अचानक पोखर में गिर पड़ी। सुलतान उसे बचाने के लिए पोखर में कूद पड़ा और डूबने से दोनों की मृत्यु हो गई। तब से इस पोखर का नाम 'सुल्तान माई' पड़ा। आज भी पोखर के किनारे सुल्तान की कब्र और उसकी ब्राह्मण प्रेमिका का मंदिर है। आज भी यहाँ के लोग उसे 'सुल्तान माई' कहकर उसकी पूजा करते हैं और उसकी याद में हर साल मेला लगता है। देश आजाद होने के बाद अंग्रेज अपनी जमींदारी बेचकर चले गए। उस समय तक फारबिसगंज में स्कूल, लाइब्रेरी और एक छोटा-सा अस्पताल बन गया था।

9 अगस्त, 1942 को बम्बई के ऐतिहासिक कांग्रेस अधिवेशन में महात्मा गांधी ने 'अंग्रेजो भारत छोड़ो', 'करो या मरो' के नारे के साथ भारत की जनता को आजादी की लड़ाई में शामिल होने का आह्वान किया। अंग्रेज सरकार ने उसी दिन गांधी जी तथा कांग्रेस पार्टी के प्रमुख नेताओं तथा कार्यकर्ताओं को गिरफ्तार कर जेल में डाल दिया। अब इस आन्दोलन का नेतृत्व और दिशा-निर्देश देने का भार भूमिगत रहे समाजवादी नेता राममनोहर लोहिया, अशोक मेहता, अच्युत पटवर्धन, अरुणा आसफअली पर आन पड़ा। जयप्रकाश नारायण जो सोशलिस्ट पार्टी के प्रमुख नेता थे वे पहले से ही हजारीबाग जेल में सजा भुगत रहे थे। जे.पी. किसी भी हालत में जेल से बाहर आकर आन्दोलन में शामिल होने का इन्तजाम करने लगे तथा दीपावली की रात जब हजारीबाग जेल के कैदी दीपावली का उत्सव मनाने में लगे हुए थे, जे.पी. अपने विश्वस्त साथियों के साथ जेल की ऊँची दीवार फाँदकर अपने दोस्तों से आ मिले। इन नेताओं ने पूरे भारत में घूमकर, भूमिगत रहकर आन्दोलन में नई जान डाल दी। बिहार के सोशलिस्ट पार्टी के प्रमुख नेता बसावन सिंह, रामनन्दन मिश्र, सूरज नारायण सिंह भी इसमें शामिल हो गए। भारत की

जेलें कांग्रेसी और सोशलिस्ट नेताओं से भर गईं।

1928 में मेरे बड़े भाई बालकृष्ण गुप्ता 18 वर्ष की आयु में राजस्थान से मैट्रिक की परीक्षा पास करके कलकत्ता आकर 'प्रेसिडेंसी कॉलेज' में भर्ती हो गए। उसी साल राममनोहर लोहिया ने भी बनारस से मैट्रिक की परीक्षा पास करके कलकत्ता आकर 'विद्यासागर कॉलेज' में दाखिला ले लिया। लोहिया के पिता हीरालाल लोहिया जो कांग्रेस के कर्मठ कार्यकर्ता थे कलकत्ता में ही रहते थे। लोहिया तथा बालकृष्ण, कलकत्ता के 'मारवाड़ी छात्रावास' में एक ही कमरे में रहते थे।

कलकत्ता ब्रिटिश शासन के तहत भारत की राजधानी रह चुका था तथा भारत की आजादी के आन्दोलन का केन्द्र था। क्रान्तिकारियों की भूमिगत कार्रवाइयों का संचालन यहीं से होता था।

लाल, बाल, पाल (लाला लाजपत राय, बाल गंगाधर तिलक तथा विपिनचन्द्र पाल) के नेतृत्व में कांग्रेस भी सक्रिय थी। इस राजनीतिक वातावरण में दोनों दोस्त अपनी पढ़ाई के साथ-साथ राजनीतिक कार्यों में भी दिलचस्पी लेने लगे, तथा राजनीतिक पार्टियों की मीटिंगों में भी भाग लेने लगे। साइमन कमीशन के खिलाफ वर्ष 1927 के आन्दोलन में सक्रिय रहे। एक ही उम्र, एक ही विचारधारा तथा एक ही होस्टल में रहने के कारण उनकी दोस्ती और गहरी होती गई जो उनके मृत्युपर्यंत तक रही। समाजवादी पार्टी में लोग आज भी इनकी दोस्ती का उदाहरण देते हैं।

चार वर्ष बाद ग्रेजुएशन की डिग्री पाने के बाद दोनों दोस्तों ने उच्च शिक्षा के लिए विदेश जाना तय किया। उस समय ज्यादातर विद्यार्थी जो विदेश में पढ़ने के लिए जाते थे या तो आई.सी.एस. बनकर अंग्रेजी सरकार में नौकरी करने के लिए या बैरिस्टरी पढ़ने के लिए जाते थे। लेकिन इन दोनों मित्रों का लक्ष्य कुछ दूसरा ही था। वे देश-विदेश की राजनीति व आर्थिक समस्याओं का अध्ययन भी करना चाहते थे। लोहिया जी ने अंग्रेजों की राजधानी लन्दन न जाकर जर्मनी जाना तय किया तथा वहाँ 'गांधी जी का नमक सत्याग्रह' पर थीसिस लिखकर डॉक्टरेट की डिग्री

प्राप्त की। वे वहाँ से डॉक्टर राममनोहर लोहिया बनकर 1934 में भारत लौटे तथा शीघ्र ही कांग्रेस के अन्दर बन रही कांग्रेस सोशलिस्ट पार्टी में शरीक हो गए। बालकृष्ण गुप्त ने तीन वर्ष में ही लन्दन स्कूल ऑफ़ इकोनॉमिक्स से अर्थशास्त्र में बी.एस-सी. की डिग्री हासिल कर ली, पर वे उस समय भारत लौटकर नहीं आए। लन्दन में रहते समय वे वहाँ की साम्राज्यवादी ताकतों के खिलाफ आन्दोलन में काफी सक्रिय हो गए थे। उन्होंने तय किया कि यूरोप के विभिन्न देशों—रूस, फ्रांस, जर्मनी, इटली का भ्रमण करेंगे, साथ ही वहाँ की राजनीतिक स्थितियों का अध्ययन करेंगे। वे अपनी जानकारियाँ और अनुभव देश-विदेश की पत्रिकाओं को लिखकर भेजने लगे। 'हिन्दुस्तान टाइम्स', 'हिन्दुस्तान स्टैंडर्ड', 'विशाल भारत', 'सरस्वती' तथा 'विश्वामित्र' में उनके लेख छपते थे।

1931 में जेनेवा में सेकेंड राउंड टेबल कॉन्फ्रेंस हुई, उसमें बीकानेर के महाराज गंगा सिंह ब्रिटिश सरकार के प्रतिनिधि बनकर शामिल हुए। बालकृष्ण जी को भी उनकी बुआ के बेटे सत्यनारायण सर्राफ ने बीकानेर स्टेट में अंग्रेज राज के जुल्मों का पूरा चिट्ठा लिखकर भिजवाया, राममनोहर लोहिया भी बर्लिन से वहाँ आ गए और दोनों दोस्तों ने वहाँ दीर्घा से चिल्लाकर कहा कि महाराज गंगा सिंह अंग्रेज सरकार के पिट्ठू हैं तथा उनकी तारीफों के झूठे बयान दे रहे हैं। जबकि अंग्रेज सरकार भारत में काफी जुल्म करती है। दोनों दोस्तों को कॉन्फ्रेंस से निकाल दिया गया।

लन्दन में शुरू के दिनों में बालकृष्ण गुप्ता कम्युनिस्ट पार्टी की कार्रवाइयों में भाग लेते थे पर रूस का भ्रमण करके आने के बाद, रूस में उन्होंने स्टालिन के अधिनायकवादी राज्य का जो रूप देखा, उससे वे पूरी तरह निराश हो गए तथा पेरिस जाकर स्टालिन के विरोधी प्रमुख नेता लियो ट्राटस्की से मिले, ट्राटस्की के साथ उन्होंने नई पार्टी बनाई। लन्दन में उनके खास दोस्त थे डाक्टर परेरा (लंका), सी.एल.आर. जेम्स (वेस्टइंडीज) जोमो केनिवाटा (साउथ अफ्रीका) तथा कृष्णा मेनन, जो बाद में अपने-अपने देशों में उच्च पदों पर रहे। कृष्णा मेनन के साथ इंडिया लीग की मीटिंग में भाषण देना, लेख लिखना उनका मुख्य कार्य हो गया।

द्वितीय विश्वयुद्ध 1939 में शुरू होने के पहले बालकृष्ण जी पूरे आठ वर्ष लन्दन में बिताने के बाद भारत लौट आए तथा अपने परिवार के साथ कलकत्ता में रहने लगे। उस समय उनके संयुक्त परिवार का व्यापार कलकत्ता, जोरहाट (असम) तथा फारबिसगंज (बिहार) में स्थापित हो गया था। वे कलकत्ता तथा फारबिसगंज आते-जाते रहते थे। बालकृष्ण जी भारत में आने के साथ ही डॉ. राममनोहर लोहिया तथा जयप्रकाश नारायण की सोशलिस्ट पार्टी में शामिल हो गए। बालकृष्ण गुप्ता ने अपने लेखन का कार्य कलकत्ता आने पर भी चालू रखा तथा 'खोज परिषद्' नामक एक रिसर्च इंस्टिट्यूट का काम उनके जिम्मे सौंपा गया, जिसमें बंगाल के प्रसिद्ध वैज्ञानिक प्रोफ़ेसर सत्येन बोस, आचार्य नरेन्द्र देव, जयप्रकाश नारायण तथा डॉ. राममनोहर लोहिया उसकी कार्यकारिणी में थे। उस समय कलकत्ता में इसमें काफी सेमिनार आयोजित किए गए तथा विभिन्न विषयों पर किताबें भी छपीं। वे बंगाली दैनिक 'किसान' के सम्पादक मंडल में भी रहे। राजनीतिक तथा आर्थिक विषयों पर भारत की विभिन्न पत्रिकाओं में उनके लेख छपने लगे तथा कलकत्ता के बुद्धिजीवी लोगों के साथ उनका सम्पर्क गहरा होता गया। बालकृष्ण जी के तीन ही शौक थे—पढ़ना-लिखना, बैठकबाजी तथा सिगरेट पीना। वे चेन स्मोकर थे। हर शाम को कलकत्ते के 'कॉफी हाउस' में उनका अड्डा जमता था जहाँ कलकत्ते के करीब सभी बुद्धिजीवी, पत्रकार तथा राजनीतिक लोग इकट्ठा होते थे तथा भारत की वर्तमान स्थिति पर चर्चा करते थे। गुप्ता परिवार का कलकत्ता का घर 'मार्बल हाउस' तथा फारबिसगंज का 'जगदीश मिल' भारतीय राजनीति में विशेष स्थान रखता है। कलकत्ते के प्रमुख बंगाली-हिन्दी साहित्यकार तथा बुद्धिजीवी, राजनीतिक पत्रकार भी घर पर मजलिस जमाते थे। इसी घर के बारे में किसी ने लिखा है—

घर वो नामचीन नहीं,
पर स्थल वो जहाँ मोती बिंधे
कलम के जादूगरों ने आकर
जहाँ प्रेम के दाने चुगे

1942 के आजादी के आन्दोलन के प्रमुख भूमिगत नेता जयप्रकाश नारायण, डॉ. राममनोहर लोहिया, अच्युत पटवर्धन तथा अरुणा आसफअली सभी बालकृष्ण जी के घर पर ही छिपकर रहते थे। वे उनको अपने कुछ विश्वस्त मित्रों के यहाँ भी रखते थे। उनकी आर्थिक मदद करना तो उनके जिम्मे ही था। इतना ही नहीं, उनके समाचारों को पहुँचाने, छपाई तथा वितरण का जिम्मा भी उनकी मित्र-मंडली का ही होता था। लोहिया जी ने कलकत्ते के भूमिगत दिनों में एक अंडरग्राउंड रेडियो स्टेशन भी बनाया जो जनता को आन्दोलन की पूरी खबर देने के लिए स्थापित किया गया था। बाद में वह ब्रॉडकास्ट बम्बई से होने लगा।

1942 के आन्दोलन के इन क्रन्तिकारी नेताओं की गतिविधियों का पता लगाने के लिए अंग्रेज सरकार काफी सक्रिय थी। इन क्रान्तिकारियों की जो मदद करता था उन पर अत्याचार, जेल, तथा उनके घर-व्यापार की कुर्की (नीलामी) होना तय ही था। लोहिया जी 'मार्बल हाउस' में छिपकर दिनभर एक ही कमरे में रहते थे। किसी पड़ोसी के पूछने पर मेरी बड़ी भाभी नारायण जी (बालकृष्ण जी की पत्नी) बतलाती थीं कि ये मेरी बुआ के बेटे हैं। कानपुर में व्यापार में घाटा हो गया, तगादों के डर से यहाँ छिपकर रहते हैं। जयप्रकाश अपने भव्य रूप में कभी रेशमी कुरते, दुशालेवाली टोपी में सेठ बनकर तो कभी विलायती पोशाक में रहते थे। अरुणा जी का परिचय एंग्लो इंडियन शिक्षिका के रूप में दिया जाता था जो बच्चों को अंग्रेजी पढ़ाने आती थीं। अरुणा जी पूरे भूमिगत आन्दोलन में सक्रिय होकर भी गिरफ्तार होने से बच गईं पर जयप्रकाश जी तथा लोहिया जी कुछ समय बाद, कलकत्ता छोड़ने पर गिरफ्तार कर लिए गए तथा उन्हें लाहौर फोर्ट जेल में रखा गया। उन्हें शारीरिक यातनाएँ भी दी गईं। एक ही जेल में होने के बाद भी उनकी कभी मुलाकात नहीं हो पाई।

पड़ोसी देश नेपाल का राजनीतिक कोइराला-परिवार, जिसको नेपाल के प्रधानमंत्री राणा, उसकी राजनीतिक गतिविधियों के कारण देश निष्कासन का हुक्म देते थे, उस पूरे परिवार का निवास स्थान फारबिसगंज का 'जगदीश मिल' ही होता था। इसका विशेष कारण कोइराला परिवार तथा गुप्ता परिवार

की दोस्ती एवं विचारधारा से मेल तथा कोइराला परिवार के घर बिराटनगर (नेपाल) की फारबिसगंज से दूरी सिर्फ 20 मील ही थी। मातृका प्रसाद कोइराला, विश्वेश्वर प्रसाद कोइराला तथा गिरिजा प्रसाद कोइराला, साथ ही किसन भट्टाराई इन सबका नेपाल से निष्कासन के बाद रहने का स्थान 'जगदीश मिल्स' ही होता था। ये तीनों भाई तथा भट्टाराई—स्वतंत्र नेपाल के क्रमश: प्रधानमंत्री भी रहे। नेपाल क्रान्ति के प्रेरणास्त्रोत जयप्रकाश नारायण तथा राममनोहर लोहिया, भारत के इन समाजवादी नेताओं से, फारबिसगंज के घर में उनकी मुलाकात और विचार-विमर्श तथा दिशा-निर्देशन भी होता था। भाई साहब के सहयोग से कलकत्ते में रहनेवाले निष्कासित राणा महाबीर शमसेर तथा सुवर्ण शमसेर और अन्य प्रवासी नेपालियों के सहयोग से, हमारे घर 'मार्बल हाउस' में ही, नेपाली कांग्रेस की स्थापना की रूपरेखा तैयार हुई तथा हमारा फारबिसगंज का घर 'जगदीश मिल्स' 1950 में नेपाली सशस्त्र क्रान्ति का हेडक्वार्टर बना जहाँ से क्रान्ति का संचालन होता था। हथियारों का प्रबन्ध तथा वार फ्रंट पर उन्हें भिजवाने का काम भी यहीं से होता था।

मुझे याद है कि शनिवार की शाम को हमारे कलकत्ते के घर पर 'माडर्न रिव्यू' तथा 'प्रवासी' के सम्पादक केदारनाथ चटर्जी, 'विशाल भारत' के सम्पादक श्रीराम शर्मा, प्रसिद्ध हिन्दी साहित्यकार हजारीप्रसाद द्विवेदी, बनारसीदास चतुर्वेदी, मोहनसिंह सेंगर इकट्ठा होते थे तथा तिवारी ब्रदर्स (कलकत्ते की मशहूर मिठाई की दुकान) की जलेबी और समोसे पर गोष्ठी जमती थी। बालकृष्ण जी ने दो बार पूर्णिया क्षेत्र से सोशलिस्ट पार्टी के उम्मीदवार के रूप में लोकसभा का चुनाव लड़ा था तथा 1967 से 1972 तक राज्यसभा के सदस्य रहे। सोशलिस्ट पार्टी के पत्र 'जन' तथा 'मैनकाइंड' के सम्पादक भी रहे। जब भी फारबिसगंज आते थे यहाँ के सभी साहित्यकार बन्धु लक्ष्मीनारायण सुधांशु, सतीनाथ भादुड़ी, रेणु, नागार्जुन तथा नेपाल से कोइराला बन्धु भी आ जाते थे।

1948 में बिरजू बाबू भी कलकत्ता से अपनी पढ़ाई पूरी करके 'जगदीश मिल्स' का काम सँभालने के लिए फारबिसगंज में स्थायी रूप से रहने लगे थे। पारिवारिक वातावरण का प्रभाव बिरजू बाबू पर भी रहा तथा वे

रोज चरखा चलाते थे तथा खादी पहनते थे। फारबिसगंज में आकर उन्होंने 'कुमार सभा' नाम से एक पुस्तकालय की स्थापना की, जिसे बाद में फारबिसगंज के सार्वजनिक पुस्तकालय में सम्मिलित कर लिया गया। बिरजू बाबू इस पुस्तकालय के कई वर्षों तक अध्यक्ष रहे तथा यहाँ रेणु जी ने भी कई महीने लाइब्रेरियन के रूप में कार्य किया। करीब पन्द्रह वर्ष पहले इस पुस्तकालय का नाम 'रेणु पुस्तकालय' कर दिया गया जिसका उद्‌घाटन हरियाणा के राज्यपाल धनिकलाल मंडल ने किया। लेकिन पिछले पाँच सालों से 'विद्यार्थी परिषद्' वालों ने इस पर कब्जा करके अपना दफ्तर बना लिया है तथा पुस्तकालय परिसर में दो मंदिर और एक धर्मशाला बन गई है। बिरजू बाबू 1967 से 71 तक फारबिसगंज नगरपालिका के अध्यक्ष भी रहे। उसी काल में उन्होंने फारबिसगंज की उस सड़क पर जहाँ डॉक्टर लोहिया रहकर काफी समय बिताते थे, का नामकरण 'डॉ. राममनोहर लोहिया पथ' रखवा दिया। इसी वातावरण में बिरजू बाबू की रेणु जी, सरयू मिश्र तथा नागार्जुन से घनिष्ठता बढ़ती गई। मिल में साहित्यिक गोष्ठियाँ भी होती रहती थीं।

1946 में भागलपुर जेल से छूटने के बाद रेणु जी भी अपने गाँव औराही हिंगना आकर रहने लगे। जेल में उनके ऊपर समाजवादी साथियों तथा बांग्ला के महान साहित्यकार सतीनाथ भादुड़ी तथा द्विजदेनी जी का विशेष प्रभाव पड़ा, तथा वे पक्के सोशलिस्ट बनकर निकले एवं क्षेत्र की सोशलिस्ट पार्टी की गतिविधियों में भी काफी रुचि लेने लगे। उस समय फारबिसगंज में उनकी मंडली में स्थानीय सोशलिस्ट नेता कमलनाथ झा, भोला प्रसाद मंडल, नरसिंह नारायण सिंह, देवनाथ राय तथा सरयू मिश्र होते थे। भोला बाबू का स्टेशन के पास खाने-पीने का एक होटल होता था, बाद में वे एम.एल.सी. बने तथा 'बिहार खादी बोर्ड' के चेयरमैन भी। कमलनाथ झा, ललित नारायण मिश्र के साथ कांग्रेस में चले गए और सांसद भी हो गए। कमलनाथ जी भाषण बहुत बढ़िया देते थे। वे भाषण वीर कहे जाते थे। सरयू मिश्र दो बार सोशलिस्ट पार्टी से एम.एल.सी. बने तथा बाद में कांग्रेस में चले गए और बिहार सरकार में स्वास्थ्य मंत्री भी बने।

जेल से छूटकर आने के बाद रेणु जी पत्र-पत्रिकाओं में कहानियाँ और राजनीतिक घटनाओं-समस्याओं पर लेख लिखने लगे थे। उनकी लिखने की एक विशिष्ट शैली होती थी, रिपोर्ताज में, तथा पाठकों को बहुत पसन्द आती थी। 1952 में उन्होंने अपना पहला उपन्यास 'मैला आँचल' लिखकर पूरा किया जिसके सारे पात्र उनके आस-पास के गाँव-शहर में रहनेवाले लोग थे। उत्तर बिहार के इस अंचल के छोटे-से-छोटे प्राणी का दुख-सुख, जीते-जागते, लड़ते-झगड़ते उनकी विशेषता, असंगतियाँ, धार्मिक विश्वास, पाखंड, राजनीतिक गुटबाजी, जात-पाँत, तथा गांधी जी के आजादी के आन्दोलन का वर्णन, पात्रों की मानसिक उथल-पुथल, समस्याएँ तथा संवेदनाओं को अपनी आंचलिक बोली-भाषा में इस उपन्यास में उन्होंने पिरोया है—ऐसा लगता है कि हम सिनेमा के परदे पर एक बड़ा कैनवस देख रहे हैं। 'मैला आँचल' पर तो बहुत कुछ लिखा-कहा जा चुका है, सुधी आलोचकों द्वारा, यहाँ तो प्रसंगवश मैंने भी कुछ पंक्तियाँ लिख दी हैं। उपन्यास की पांडुलिपि रेणु जी ने बिरजू बाबू को भेजी, किसी प्रकार छपवाने का प्रबन्ध करने के लिए। उन्होंने बिरजू बाबू को लिखा :

> यह पांडुलिपि जब तक अप्रकाशित अवस्था में मेरे पास पड़ी रहेगी; समझो 'बिना ब्याही जवान बेटी गरीब की'।

बिरजू बाबू ने अपने साहित्यिक सम्पर्कों से प्रकाशकों से छापने के बारे में बात की। लेकिन कोई भी प्रकाशक नए लेखक का उपन्यास छापने को तैयार नहीं हुआ। बिरजू बाबू ने बहुत ही दुविधा से अपनी असमर्थता प्रकट की तथा पांडुलिपि रेणु को लौटा दी। रेणु की दूसरी पत्नी (लतिका जी) ने कुछ कर्ज द्वारा कुछ पैसे का प्रबन्ध किया तथा रेणु अपने सम्पर्क से कुछ इन्तजाम करके पटना के एक प्रकाशक (समता प्रकाशन) से 1954 में इसे प्रकाशित कराने में सफल हो गए और हिन्दी साहित्य जगत में रेणु ने अपने पहले ही उपन्यास 'मैला आँचल' से अपना डंका बजा दिया। रेणु ने नई राह बनाई और निर्विवादित रूप से बड़े लेखक हुए। बड़े ही नहीं—अप्रतिम भी। आंचलिक उपन्यासकारों में सिरमौर।

रेणु जी का अंग्रेजी ज्ञान बहुत अधिक तो नहीं था। उन पर पश्चिम का प्रभाव भी बहुत कम था। उनके लेखन में जो दृष्टि उपजी वह पूरी तरह अपने गाँव की आंचलिक भाषा में, रोज की बोलचाल की भाषा थी। रेणु जी बहुत ही छोटे और पिछड़े गाँव और किसान परिवार से आए थे। उनका परिवार हमेशा आर्थिक तंगी से जूझता रहता था। वह बतलाते थे कि उनके जन्म के समय उनके परिवार पर बहुत ऋण हो गया था इसीलिए सब उनको रेणुआ कहकर पुकारते थे, वही आगे जाकर रेणु हो गया। स्थानीय कांग्रेसी नेता (मैला आँचल का छुटन बाबू जैसा) उन्हें हमेशा परेशान और झूठे मुकदमों में फँसाकर तंग करता था। रेणु जी को भागलपुर जेल में ही कई बीमारियों ने घेर लिया था और उन्हें जीवन के आखिरी क्षण तक इन बीमारियों से छुटकारा नहीं मिला। फिर उन्हें शराब पीने की भी लत थी, थोड़ा स्वस्थ होते ही फिर से पीना शुरू कर देते थे।

'मैला आँचल' के प्रकाशन के बाद उन्होंने अपना पूरा ध्यान कहानी और उपन्यास लिखने में लगाया तथा उनके दूसरे उपन्यास 'परती : परिकथा', जो 'मैला आँचल' के बाद के ग्राम का दिग्दर्शन है, को साहित्यकारों और पाठकों ने बहुत ही सराहा।

सामाजिक और सक्रिय चिन्तक, बुद्धिजीवी होने के कारण वातावरण का उन पर इतना प्रभाव पड़ता था कि वे बार-बार राजनीति में सक्रिय भागीदारी निभाने आ जाते थे। साहित्य में ख्याति और प्रतिष्ठा प्राप्त रेणु 1975 के लोकनायक जयप्रकाश नारायण द्वारा आपातकाल के खिलाफ छेड़े गए आन्दोलन में काफी सक्रिय हो गए। मीटिंग करना, जुलूस में शामिल होना, नुक्कड़ नाटक करना, मार खाना तथा फिर से जेल जाना, यह सब शुरू हो गया। जेल से काफी बीमार होकर आए तथा 11 अप्रैल, 1977 को 56 वर्ष की अवस्था में उनका देहान्त हो गया। इमरजेंसी में जेल की यातना के बाद उनका अचानक हमारे बीच से चले जाना बहुत ही क्रूर और असहनीय जान पड़ता है—विजय का क्षण (जनता पार्टी की सरकार 1977 में बन गई थी) और वे उसको देखने को नहीं रहे।

बिहार का जो आँचल मैला था वह आज और ज्यादा मलिन हो गया

है। आज भी जनता को उसी तरह की परेशानियाँ-दिक्कतें झेलनी पड़ रही हैं। राजनीति परिवारवाद एवं संकीर्ण साम्प्रदायिकता में सिमटकर रह गई है। ऐसे में मुझे रेणु की लिखी कहानी 'जलना' की याद आती है, जब लेखक फातिमा दीदी से एक सवाल पूछता है : आपने पॉलिटिक्स क्यों छोड़ दी? फातिमा दीदी का उत्तर है : यह मुझसे क्यों पूछते हो? अपने उस नवाबजादे से क्यों नहीं पूछते जो रातोंरात देशभक्त बनकर सरकार (कांग्रेस) में दाखिल हो गए—बगल में छुरी दबाकर।

रेणु अपने बारे में 'मेरा मीत शनीचरा' से जो कहलाते हैं वही असली रेणु हैं, जिनको हम आज भी प्रेम से याद करते हैं :

सुना बहुत पोथी-पत्तर लिख कर हुए बड़े हो,
नाम तुम्हारा फिलिम देखनेवाले भी लेते हैं,
और गाँव की रायबरेली (लाइब्रेरी) में किताब आई है,
मेला चल (मैला आँचल) क्या है? वह तुम्हारी ही लिखी हुई है?
तुम न लिखते तो लिखता ऐसा कौन?
बोर्डिंग से हर रात भागकर मेला देखा करता था,
इसलिए आज सबको, मेला चलने को कहते हो,
मैंने समझा ठीक काम यह तुम ही कर सकते हो,
कहा-सुना सब माफ़ करोगे, लेकिन याद रखोगे,
बचपन के सब मित्र तुम्हारे—सदा याद करते हैं,
गाँव छोड़कर चले गए हो शहर, मगर अब भी तुम,
सचमुच गँवई हो, शहरी नहीं हुए।
इससे बढ़कर और भला क्या हो सकती है बात,
अब भी बसा है मन में गाँव का प्यार।

रेणु जी का राष्ट्रकवि रामधारी सिंह दिनकर से गहरा लगाव था। 1970 में फारबिसगंज में बिरजू बाबू तथा यहाँ के साहित्यकार और पत्रकार कमला प्रसाद बेखबर ने रेणु जी का अभिनन्दन करना 3 अगस्त, 1970 को तय किया। उस समारोह में उन्होंने दिनकर जी को आमंत्रित किया और उनकी

स्वीकृति भी आ गई। तब रेणु जी दिनकर जी के रहने, खाने-पीने की व्यवस्था को लेकर बहुत ही चिन्तित और व्यस्त हो गए। उन्होंने इसकी व्यवस्था को लेकर बिरजू बाबू को 11/07/1970 को पत्र लिखा :

> 'दिनकर जी ने अपनी स्वीकृति देकर जिस स्नेह और प्रेम का परिचय दिया है, आशा है हम उसके अनुरूप ही अपना परिचय दे सकेंगे। उनका स्वास्थ्य आजकल ठीक नहीं रहता है इसलिए उनके रहने और भोजन की व्यवस्था देखनी है—उनके भोजन के मुख्य पदार्थ हैं—छेना, मछली और मुर्गी।'

29 /07 /1970 को उनका बिरजू बाबू के पास फिर पत्र आया :

> कार्यक्रम स्थगन का तार मिला और भगवान को धन्यवाद दिया कि उन्होंने मेरी बात सुन ली, आपको भी धन्यवाद। मैं प्रथम सप्ताह में गाँव में रहूँगा।

उन्होंने एक तुकबन्दी भी भेजी :

> 'खबर पर खबर, हर खबर बेखबर की,
> मगर फिर खबर आ गई बेखबर की—
> कि अबकी खबर सब खबर से है ऊपर
> कि पहली खबर बस खबर की खबर थी।'...

दिनकर जी की शव यात्रा से लौटकर रेणु जी ने एक कविता लिखी थी जो 'दिनमान' में 5 मई, 1975 को छपी थी। उसकी कुछ पंक्तियाँ हैं :

> *इसको क्या संयोग कहेंगे?*
> *तुम्हारी शव यात्रा से लौटकर बैठा ही था*
> *कि पड़ोस से कहीं रेडियोग्राम पर*
> *साधक-गायक हरिन्द्रनाथ का भावाकुल कंठस्वर—*

२/३०, राजेन्द्रनगर
पटना

११.७.७०

प्रिय भाई बिन्दुबाबू,

कल 'बेखबर' की खबर मिली।
२५/७ या २६/७ - ??

'दिनकर' जी ने अपनी स्वीकृति देकर जिस स्नेह और प्रेम का परिचय दिया है, आशा है हम उसके अनुरूप ही अपना परिचय दे सकेंगे।

अपने अभिनन्दन-समारोह के संबंध में कोई परामर्श दें - यह बात लज्जास्पद और हास्यास्पद है। किन्तु, दिनकर जी को बुलाने का फैसला बाद अपनी ऐसी स्थिति आज बन गयी कि मुझे बोलना ही पड़ रहा है।

मेरा नम्र निवेदन है —

(१) दिनकर जी के ठहरने और भोजन की व्यवस्था सबसे पहले। वे आजकल अस्वस्थ रहते हैं। पिछली बार काशी में किसी सभा में सम्मिलित होने गये और वहाँ पहुँच कर ~~[illegible]~~ रक्तचाप इतना बढ़ा कि डाक्टर ने 'न बोलने' की सलाह दे दी।...उनके भोजन के मुख्य पदार्थ : छेना, मछली, मुर्गी.. ??

(२) समारोह के प्रोग्राम नपे-तुले और उपयुक्त हों। अनावश्यक 'आई सम्मान' न हो।

(३) 'नागरिक अभिनन्दन' के शाब्दिक-दायरे का अतिक्रम किये बिना—इस समारोह में ग्रामीणों को भी सम्मिलित होने की सुविधायें दी जा सकती हैं।

(४) मेरे स्थानीय मित्रों के अलावा जिले भर के प्रमुख साथियों को निमंत्रित किया जाय— मैं कल तक ऐसे व्यक्तियों के नाम लिख भेज दूँगा।

(५) 'दिनकर' जी आजकल किसी सम्मेलन में कविता-पाठ नहीं करते। किन्तु, माहौल पैदा हुआ तो स्वयं कविता सुनाने लगते हैं और तब बड़ा आनन्द आता है।... आशा है, हम ऐसे वातावरण की सृष्टि करेंगे, जिसमें स्वतःस्फूर्त होकर कवि के अंतस्तल से कविता निकल पड़ेगी।

(६) अररिया, पूर्णिया तथा कटिहार तक के [illegible] को 'दिनकर' के आने की सूचना मिल जानी चाहिए।

मैंने दिनकर जी को अब तक कोई पत्र नहीं दिया है। कल उन्हें भी लिखूँगा और आपको भी। लिखूँगा क्या? आनेवाले थे पटना—क्या हुआ?

नमस्कार ग्रहण करें।

...आशा है आप सपरिवार सकुशल एवं

भाई ही—

रेणु

सूर्य अस्त हो गया
गगन मस्त हो गया
सूर्य अस्त हो गया।
इस बार गाँव जाकर
उत्तर की ओर निहारूँगा
हिमालय की स्वर्ण किरणों में देखूँगा
एक और नया शिखर
निश्चय ही दिनकर।

पूर्णिया जिले में गुलाबबाग मेला, गढ़बनैली मेला तथा फारबिसगंज का कार्तिक का मेला, ये तीन बड़े मेले सरकार की तरफ से लगाए जाते थे। फारबिसगंज का मेला कार्तिक मास से शुरू होता था तथा करीब डेढ़ महीने मेले में खूब रौनक होती थी। बाहर से सर्कस, थियेटर-नौटंकी, सिनेमा, मौत का कुआँ, रामझूला इत्यादि भी आते थे। मिठाई की दुकानें, कपड़ों की दुकानें, मीना बाजार भी लगता था। इनसे गाँव-देहात के लोग अपनी सालभर की जरूरत की चीजें खरीदते थे। शाम होते ही मेले में भीड़ शुरू हो जाती थी। 'पन्नालाल की नौटंकी', 'बम्बई पारसी थियेटर' मुख्य आकर्षण होते थे। 'तीसरी कसम' की कहानी इसी मेले की नौटंकी की एक अभिनेत्री पर आधारित है। इस फिल्म की कुछ शूटिंग फारबिसगंज में हुई थी। मशहूर लेखक, कवि, फिल्मकार शैलेन्द्र से रेणु की घनिष्ठता हुई। शैलेन्द्र जी को रेणु की 'मारे गए गुलफाम' कहानी बहुत पसन्द आई तथा इस पर उन्होंने 'तीसरी कसम' नामक फिल्म बनाना तय किया—रेणु जी की रजामंदी भी उनको मिल गई। रेणु जी बतलाते थे कि जब 'तीसरी कसम' फिल्म बनकर तैयार हो गई, तो फिल्म के प्रोड्यूसर, फाइनेंसर, अभिनेता राजकपूर फिल्म का अन्त बदलना चाहते थे। वे हीरामन और हीराबाई को फिल्म के आखिरी सीन में मिलाकर सुखद अन्त चाहते थे। राजकपूर का दबाव आया कि फिल्म के अन्त में चेन खींचकर रेलगाड़ी रोक दो और नायक-नायिका हीरामन-हीराबाई (राजकपूर-वहीदा रहमान)

दोनों का मिलन करा दिया जाए। Happy Ending not Tragic end, अन्त सुखद रहेगा तो फिल्म खूब चलेगी। शैलेन्द्र जी ने कहा कि अगर रेणु जी तैयार हों तो मैं नहीं चाहते हुए भी ऐसा कर दूँगा। उन्होंने रेणु जी को बम्बई बुलाया तथा वहाँ प्रोड्यूसर, फाइनेंसर, अभिनेता राजकपूर ने सबकी बैठक बुलाई तथा रेणु जी पर भी कहानी का अन्त बदलने का दबाव डालने लगे। रेणु जी ने उनको साफ शब्दों में कहा कि अगर वे परिवर्तन करना चाहते हैं तो करें पर मेरा नाम लेखक के रूप में न दिया जाए और अपना अन्तिम निर्णय देकर बैठक से बाहर चले आए। तब शैलेन्द्र जी उनको छाती से लगाकर सुबकने लगे और बोले—"आपने मेरी इज्जत रख ली। अगर मुझे बम्बइया फिल्म बनानी होती तो मैं आपकी 'तीसरी कसम' जैसे विषय ही क्यों चुनता?"

रेणु जी की बेटी नवनीता के सम्बन्ध की बात पटना के रजनीकान्त जी के पुत्र अरुण जी से चल रही थी। इसी सिलसिले में उनका रेणु जी से मिलने औराही हिंगना आने का प्रोग्राम अचानक बन गया। रेणु जी चलती गाड़ी से 15/02/1975 को बिरजू बाबू को नि:संकोच लिखते हैं :

> ...शहर के मेहमान आ रहे हैं—सो मुझ ग्रामीण के पास उनके स्वागत-सत्कार के सामान्य साधन भी नहीं हैं। जुशा (जुगनू शारदेय) के मार्फ़त जो भी चीजें भेज सकें भेज दें।

शादी की तारीख 18/5/75 की तय हो गई।

बिरजू बाबू ने धन की व्यवस्था भी कर दी, पर शादी के समय सामान आदि लाने वाले उसे पहुँचा न सके। वे अपनी ही धुन में रहे। इससे असुविधा तो हुई, पर शादी 18/05/1975 को रेणु जी के ग्राम में हो गई। समय के प्रचलन के अनुसार द्विरागमन की तारीख शुभ मुहूर्त देखकर 04/02/1976 में श्री पंचमी के दिन तय हो गई पर इसी बीच रेणु जी के परिवार में किसी का देहान्त हो गया तथा अशौचावस्था में वह विदाई नहीं करना चाहते थे। लड़के वालों को यह खबर शायद नहीं मिली और वे लोग द्विरागमन

कराने पहुँच गए। उस समय रेणु जी ने 03/02/1976 तथा 04/02/1976 को बिरजू बाबू को अपनी पीड़ा बतलाई। रेणु जी 03/02/1976 को बिरजू बाबू को लिखते हैं :

> हम लोग जिस समाज में रहते हैं उसमें अशौचावस्था में कोई शुभ कार्य नहीं होता। पटना वाले इन बातों को रूढ़िवादी मानते हैं। शायद यह रूढ़ि हो भी लेकिन मुझे रहना इसी समाज में है। अशौचावस्था में मेरे खयाल से किसी हिन्दू के घर में कोई शुभ कार्य नहीं होता, बल्कि इस उद्देश्य से आना अथवा आ पहुँचना भी अशुभ है। मेरे दामाद साहब सदल-बल आए हैं, सदल-बल फारबिसगंज से ही वापस चले जाएँ। इसी अशौचावस्था में पहली विदाई के निमित्त उनका यहाँ पहुँचना अच्छा नहीं। इसमें मेरी इज्जत का कोई प्रश्न नहीं है। बेटी-दामाद के सुखमय भविष्य के लिए ही यह मेरी जिद है।
>
> 'साइत-शुभ-अशुभ घड़ी तथा ग्रह-नक्षत्र, लग्न-राशि के मामले में बहुत ही रूढ़िवादी और कट्टरपंथी हूँ। इसके लिए मुझे लज्जा भी नहीं है।'

इन पत्रों में रेणु जी का एक अलग ही रूप दिखाई पड़ता है।

हमें बेइन्तहाँ खुशी और गर्व है कि ऐसे विलक्षण प्रतिभाशाली व्यक्ति से हमारे परिवार का घनिष्ठ सम्बन्ध रहा, उनके सुख-दुख में साथी रहे।

—विद्यासागर गुप्ता

कसबा और गढ़वाल [illegible]
कीय
चमोली गढ़वाल
१५/२/७५

भाई विष्णु बन्धु,

श्री सुरेश से सारी बातें मालूम हो जायेंगी।

निवेदन है कि कल आप किसी समय ~~के~~ आधा घंटे के लिए भी मेरे घर पर आवें तो मैं बहुत उपकृत होऊँगा।

चूँकि शाह जी के मेहमान आए हैं — वे सब गुप्ता जी के पास उनके खान-पान / [illegible] का इन्तजाम भी नहीं है। सुरेश के अलावा और भी चीजें पता लगे — गये हैं।

अगर शाह जी से बात करके नीचे का बन्दोबस्त हो सके तो कल ८ बजे तक (बैठक सेवाओं के पहले) [illegible] — सुरेश तथा शाह जी के साथ आ सकें तो बहुत अच्छा हो।

ज्यादा क्या लिखूँ। आपकी [illegible] मिलने पर। [illegible] आपका ही [illegible]

औराही-हिंगना
3.2.76.

आदरणीय भाई बिजू बाबू,

आपका पत्र मिला।

मैंने पटना के समधी श्री रजनीकांत-बाबू को 29.1.76 को ही एक पत्र भेज कर सूचित कर दिया था कि अकस्मात हमारे एक सगोत्र (Blood relation) की मृत्यु के कारण पूर्वनिश्चित श्री पंचमी के दिन द्विरागमन का कार्य सम्पन्न नहीं हो सकेगा। इस आशय का एक पत्र मैंने डॉ० रामवचन राय के नाम भी उसी दिन दिया ताकि वह भी जाकर रजनी बाबू को इसकी सूचना दे सकें। किंतु, ऐसा लगता है कि पत्र मिलने के बावजूद ये लोग चले आये हैं।

हम लोग जिस समाज में रहते हैं - उसमें अशौचावस्था में कोई शुभ कार्य नहीं होता। पटना-वाले इन सब बातों को रूढ़ि मानते हैं। शायद, यह रूढ़ि हो भी। लेकिन, मुझे रहना इसी समाज में है। अशौचावस्था में - मेरे ख्याल से किसी हिन्दु के घर में कोई शुभ-कार्य नहीं होता। बल्कि, इस उद्देश्य से आना अथवा पहुँचना भी अशुभ है। मेरे दामाद साहब चल-चल आये हैं - सदल बल फारबिसगंज से ही वापस चले जाँय। इस अशौचावस्था में - पहली विदाई के निमित्त उनका यहाँ पहुँचना अच्छा नहीं।

हम लोगों के शुद्ध होने के बाद 20/- फरवरी को शुभ दिन है। मैंने श्री रजनी बाबू को उसी तिथि के लिए लिखा था। किंतु, ऐसा लगता है कि उन्होंने इस पर कोई ध्यान नहीं दिया।

सुबह को — बच्चु और शम्भु — का पत्र ले रहा हूँ। ये दोनों उन लोगों से बातें करने के लिए आ रहे हैं। मेरा ख्याल ~~अ~~ मैं उचित नहीं समझता। क्योंकि — मेरे साथ अब तक जो व्यवहार हुआ है — यह आपको भी विदित है।... ये लोग, हम लोगों को महामूर्ख समझते हैं। मैं इनकी व्यवहार से क्षुब्ध ही नहीं — क्रोधित भी हूँ।

विशेष भेंट होने पर — प्रणाम।

भाई ही

रेणु

पुनश्च :

एक दो दिन में मैं आपकी सेवा में उपस्थित हो रहा हूँ। क्या वे लोग विराटनगर से लौटते हुए आपसे मिलेंगे — क्या अगर, बच्चु और शम्भु के पहुँचने से पहले आवें तो उन्हें रोकेंगे। बच्चु शायद पहली गाड़ी से पहुँचेगा।

रेणु

४।२।७६

आदरणीय भाई,

आपका पत्र मिला। शुरू से अंत तक कई बार पढ़ गया। किंतु, मेरी किंकर्तव्यविमूढ़ता पूर्ववत् बनी रही। यह मान लेने पर भी कि यह लोग जानबूझ कर नहीं आये हैं – समस्या बनी रहती है। अशौचावस्था में कोई शुभ काम संभव नहीं – यह तो आप जानते हैं। इसमें अरुण जी के मुँह दिखलाने या नहीं दिखलाने का सवाल ही कहाँ उठता है?

मधुर संबंध को बनाये रखने के लिए ही मेरी भी सारी चेष्टा है। मेरे या हमारे परिवार के मन में हमेशा यह कांटे की तरह नहीं खटकता रहे कि अमुक बेटी का गौना अशौच में हुआ अथवा अमुक दामाद का अशुभ घड़ी में पदार्पण हुआ।

मुहूर्त- शुभ- अशुभ घड़ी तथा ग्रह-नक्षत्र, लग्न, राशि के मामले में बहुत ही रूढ़िवादी और कट्टरपंथी हूँ। इसके लिए मुझे लज्जा भी नहीं।

२० फरवरी के पहले द्विरागमन हम नहीं सम्पन्न करा सकते।

अरुण जी को जो पत्र मैंने दिया है वही पर्याप्त है – इसके अलावा एक शब्द ज्यादा मैं उनको नहीं लिखूंगा।

प्रतीक्षा में;

श्री ब्रजमोहन [illegible]

[illegible]

एक बड़ी थाती है यह

इसमें भला क्या सन्देह कि फणीश्वरनाथ 'रेणु' के ये पत्र (और कुछ उनको लिखे गए पत्र), दस्तावेजी हैं, ऐतिहासिक महत्त्व के हैं और रेणु के जीवन और लेखन के कुछ अछूते-से पृष्ठ और पहलू उद्‌घाटित करते हैं। उनके किसी भी विधा के लेखन की तरह, इन पत्रों की भाषा सरस है, अनूठी है और रेणु के अन्दाज और मिज़ाज, की वाहक है। मैंने यहाँ संकलित हर पत्र को दो-तीन बार तो पढ़ा ही होगा और जानता हूँ कि आगे भी इन्हें पढ़ने-पलटने की इच्छा बनी रहेगी।

विद्यासागर गुप्ता ने इन पत्रों से सम्बन्धित कई बातें बहुत अच्छी तरह अपनी 'प्रस्तावना' में और 'रेणु और बिरजू बाबू' शीर्षक के संस्मरणात्मक लेख में गिनाई-बताई हैं, उन्हें दुहराने की ज़रूरत नहीं है। बस इतना ही उल्लेख करना चाहता हूँ कि किसी बहुत अच्छे संयोग से, अपने मित्र अशोक सेकसरिया के कारण, विद्यासागर जी से मेरा परिचय कोई पन्द्रह बरस पहले हुआ था। उनके निवास पर पूरी एक शाम बिताई थी। भोजन किया था। फिर जो नाता जुड़ा, वह और अधिक आत्मीय होता गया। समय-समय पर कोलकाता में, दिल्ली में उनसे मिलना होता रहा। उनके परिवार के बारे में तो पहले से ही जानता था और उनके बड़े भाई बालकृष्ण गुप्ता को कलकत्ता (अब कोलकाता) के अपने युवा दिनों में डॉ. राममनोहर लोहिया के साथ कॉफी हाउस में कुछेक बार देखा था। वह उनके एक अनन्य सहयोगी थे। यह विद्यासागर जी का ही आग्रह था कि मैं इन पत्रों को देखूँ, उनके लिखे हुए को देखूँ, और इस पुस्तक को संयोजित-सम्पादित कर दूँ।

यह मुझे सहर्ष करने लायक काम लगा और यह सारी सामग्री कृपापूर्वक उन्होंने मुझ तक पहुँचा दी।

रेणु के दस्तावेजी चित्रों सहित। साथ में कुछ ऐसे काग़ज़ात भी थे, जिन्हें रेणु की डायरी तो नहीं कहेंगे, पर जो यह बताते हैं कि रेणु किसी-किसी दिन, अपने तईं कुछ दर्ज करते रहते थे—किन्हीं ख़यालों में डूबे हुए। मसलन, एक पेज ऐसा भी है जिसमें वह 'रघुवीर सहाय' नाम को, कई बार, कई तरह से लिखते हैं। मैंने अनुमान लगाया कि रेणु, 'दिनमान' के लिए भी लिखते ही थे और रघुवीर जी ने उनसे कुछ आग्रह किया होगा, उसे ही ध्यान में रखते हुए उन्होंने उनके नाम को एक पेज में दुहराया है। बहरहाल, वह काग़ज़ भी मैंने इस पुस्तक में शामिल करने लायक समझा है।

जो भी हो, इस पुस्तक की प्रमुख विशेषता तो रेणु के पत्र और चित्र ही हैं। इन्हें पढ़ते हुए मेरी आँखों के आगे से, कई नामों, प्रसंगों, घटनाओं, दुर्घटनाओं सहित एक पूरा युग ही तो मानो गुजर गया। बी.पी. कोइराला याद आए, रेणु की 'नेपाली क्रान्तिकथा' की याद आई, जो 'दिनमान' में ही प्रकाशित हुई थी। 'अज्ञेय' के साथ रेणु का चित्र देखा तो रेणु का, बिहार अकाल का वह रिपोर्ताज याद आया जो 'दिनमान' में ही प्रकाशित हुआ था। तब मैं भी 'दिनमान' में ही था और रेणु की कोई भी सामग्री आने पर, 'दिनमान' कार्यालय में जो एक ताजगी भरी, उछाह भरी लहर व्याप जाती थी, उसकी याद आई। उनके हर वृत्तान्त की, हर रिपोर्ताज की चर्चा हफ्तों-महीनों रहती थी। उन वृत्तान्तों, रिपोर्ताजों के प्रूफ़ पढ़ने का काम भी कुछेक बार तो किया ही होगा। कोई और सहयोगी पढ़ रहा होता तो उसके पास जाकर बैठ जाते, गैली प्रूफ़ उसके हाथ से लेते जाते और रेणु को पढ़ रहे हैं, इस सोच के साथ मानो उसमें अधिक रस लेते। वह रससिक्त होता ही था। आज उन बातों के बहुतेरे विवरण भूल गया हूँ, पर उन्हें गैली प्रूफ़ में पढ़ने का बोध तो मन में बसा हुआ है ही।

रेणु की लिखावट बड़ी सुन्दर है। अक्षर कुछ बड़े ही हैं और अक्षरों की रेखाएँ लयपूर्ण हैं। रेणु के लिखे हुए में भी एक सांगीतिक भाव है। एक

थिरकन है। उमंग है—दुख-सुख दोनों के बखान में। और तथ्यों-ब्योरों को बड़ी संक्षिप्ति के साथ पिरो देने का एक ग़ज़ब का कौशल है। उनके लिखे हुए में एक स्व-स्फूर्ति है। मन की गहराइयों से, कोई बात उठती है, और शब्द उसे सहज ही मिल गए हैं—यह बात पाठक तक तुरन्त पहुँचती है। अप्रतिम चित्रकार, जे. स्वामीनाथन एक बड़ी मर्म की बात कहते थे : हर कला में मनुष्य, मनुष्य को ही सम्बोधित करता है। किसी पशु-पक्षी के लिए तो वह होती नहीं है, भले ही कोई कविता या कलाकृति पशु-पक्षियों को लेकर भी रची गई हो। तात्पर्य यही कि सम्बोधन जितना ही खरा होगा, रचना भी उतनी ही खरी होगी।

प्रसंगवश यह भी बता दूँ कि स्वामीनाथन रेणु के प्रशंसकों में थे। उनके लेखन के, उनकी दृष्टि के। ये पत्र तो सम्बोधित ही हैं, एक व्यक्ति को—बिरजू बाबू को। और यह सम्बोधन सचमुच बहुत खरा है—यह तो कोई भी देख सकता है। ये पत्र भी एक प्रकार की रचना ही हैं। यह बात इन्हें पढ़ते हुए हम बार-बार महसूस करते हैं। और इसी अर्थ में, मैंने इन पत्रों को 'एक बड़ी थाती' कहा है। रेणु का जीवन अत्यन्त घटनापूर्ण रहा है, अन्य बहुतेरे लेखकों की तुलना में। वह गाँव से लेकर कस्बों-शहरों-महानगरों तक फैला हुआ है। कर्म-स्थली के रूप में भी। खेती-किसानी की, फ़सलों की, बाढ़-बारिश की, वृक्षों की बहुतेरी बातें इन पत्रों में हैं, जो बताती हैं कि रेणु इन सबके द्रष्टा ही नहीं थे, इनके साथ जीनेवाले भी थे। अचरज नहीं कि इसी साथ ने 'मैला आँचल', 'परती : परिकथा' जैसे उपन्यासों को, 'तीसरी कसम' और 'लाल पान की बेगम' जैसी कई कहानियों को, एक जबरदस्त विश्वसनीयता दी है। उनकी कृतियों में माटी की सुगन्ध इसीलिए तो है कि उनका लेखक न जाने कितनी बार फ़सलों की रोपाई-बोवाई-कटाई के बीच घुटनों तक पानी में भी खड़ा हुआ है। ये पत्र और चित्र उस सबके भी साक्षी हैं। इन पत्रों से यह भी स्पष्ट है कि कई वर्षों तक, बिरजू बाबू का साथ रेणु को मानो बाहरी दुनिया से जोड़नेवाला एक पुल था। वह पत्र लिखकर बिरजू बाबू से अमुक-अमुक को फोन कर देने का या 'टाइम्स ऑफ इंडिया' अखबार

की प्रति अपने लिए सँभालकर रख लेने का, आग्रह करते हैं। औराही हिंगना से पटना आते-जाते रेणु फारबिसगंज में रुकते थे—बिरजू बाबू ही ऐसे व्यक्ति थे जिनसे वह देश-दुनिया की राजनीतिक-सामाजिक, और हाँ, सांस्कृतिक हलचलों की बात करते थे। और उन बातों की झलक इन पत्रों में भी काफ़ी कुछ है। बिरजू बाबू का परिवार समाजवादियों का परिवार था और है। डॉ. राममनोहर लोहिया से तो इस परिवार की काफ़ी निकटता रही है, जिसका उल्लेख ऊपर भी कर चुका हूँ। स्वयं बिरजू बाबू, इन पत्रों के ज़रिये भी, एक अत्यन्त सचेत, सांस्कृतिक-सामाजिक रूप से सजग व्यक्ति के रूप में दिखाई पड़ते हैं। रेणु उनसे साहित्यकारों, साहित्यिक घटनाओं की चर्चा भी करते हैं। दिनकर, नागार्जुन के नाम आते हैं, पत्र-पत्रिकाओं के भी, और 'मैला आँचल' लिख लेने के बाद वह बिरजू बाबू से ही यह आग्रह करते हैं कि अगर सम्भव हो तो वह अपने सम्पर्कों से इसे प्रकाशित करवाने की व्यवस्था करें। पत्र 29 नवम्बर, 1953 का है। समूचा पत्र इस पुस्तक में संकलित है ही, यहाँ उसकी कुछ पंक्तियाँ प्रस्तुत कर रहा हूँ।

> 'जैसा कि मैंने वादा किया था, दूसरे ही दिन 'मैला आँचल' की पांडुलिपि नहीं भेज सका। टाइप की गलतियों को दुरुस्त कर देना था, सो वहाँ से आते ही भीषण सर्दी-जुकाम का मुकाबला करना पड़ गया। फिर घर की चन्द झंझटों और परेशानियों में गलतियाँ दुरुस्त होने से रहीं। कल एक बार कुछ काम करना चाहा, किन्तु सच बताऊँ आपसे—हिम्मत नहीं हुई कि पांडुलिपि के पन्नों को स्पर्श भी करूँ। हिम्मत नहीं होती है।...लम्बी और खतरनाक बीमारी के दिनों, दिन-रात अस्पताल की कचकचानेवाली खटिया पर करवटें ले-लेकर—जिसकी 'थीम' को गूँथने का काम किया, जिसके Climax तथा पन्नों ने मुझे जीने की उम्मीद बँधाई, और बार-बार यही लालसा किसी अज्ञात शक्ति के सामने रखता रहा कि अब जी जाऊँ तो इसे कर लूँ। जी गया। वादा पूरा किया।

दिन-रात परिश्रम करके जिसके 350 या 400 पृष्ठों का ताना-बाना बुन डाला। चीज अच्छी उतर गई है, इसीलिए बड़ा मोह हो गया है।...यह पांडुलिपि जब तक अप्रकाशित अवस्था में मेरे पास पड़ी रहेगी; समझो—बिना ब्याही जवान बेटी गरीब की।'

...आगे लिखते हैं :

'आपसे विशेष क्या कहूँ? आप चाहें तो अपने बन्धुओं से मिलकर—थोड़ा परिश्रम तो करना पड़ेगा—इसकी प्रकाशन की समस्या को हल कर सकते हैं। अपने बन्धुओं में से जो हमारे Common Friend हों, यदि आप कहें तो मैं भी मिलूँ। लेकिन मुझे बहुत संकोच होता है। फिर भी, अपने काम में संकोच करने से तो नहीं चलेगा। यों आप उन्हें मेरा यह सन्देश कह देंगे।...'

यह पूरा पत्र ही पढ़ने और स्मृति में सहेजकर रखने लायक है—यह रेणु से, 'मैला आँचल' से, उन दिनों की स्थिति से, और रेणु और बिरजू बाबू के सम्बन्धों से, बहुत दूर तक जुड़ा हुआ है। रेणु के हस्तलेख में, दो पन्नों का यह पत्र, अपनी संजीदगी, और अपनी पीड़ा और उपन्यास के प्रकाशित होने की आशा-आकांक्षा में, कुछ विशिष्ट तो है ही।

वैसे, इसे फिर से दुहरा दूँ कि यहाँ संकलित हर पत्र अपने आप में, मर्मभरा है, प्रकृति की गतिविधियों और मानव जीवन की स्थितियों के बखान से भरा-पूरा है। संक्षेप में भी बहुत कुछ कहता है। कई पत्र ऐसे भी हैं जिसके केन्द्र में सिर्फ़ रेणु नहीं हैं, और अगर हैं भी तो, वे दूसरों की जिन्दगियों से भी बहुत दूर तक जुड़े हुए हैं। 1975 के एक पत्र में रेणु अपना सब कुछ चोरी चले जाने की बात लिखते हैं। इसी में गीतकार शैलेन्द्र ने, 'तीसरी कसम' फ़िल्म के प्रसंग से, जो पत्र रेणु को लिखे होंगे, उनके चोरी चले जाने की दुर्घटना, सिर्फ़ रेणु को मर्माहत करनेवाली नहीं थी। वह तो आज के किसी भी पाठक को मर्माहत करेगी उस पत्र को पढ़ने पर, जो इस प्रसंग पर रेणु ने बिरजू बाबू को लिखा था।

25 जून, 1975 के इस पत्र में रेणु लिखते हैं :

> भाई बिरजू बाबू,
>
> पत्र मिला।
>
> रात मेरा सब कुछ चोर उठा ले गया। एक ट्रंक जिसमें मेरे सारे कपड़े, पोर्टफोलियो बैग—दोनों—(VIP Box को तोड़कर—चीज़ें निकालकर—पाट के खेत में छोड़ दिया)—500 नकद, मेरी प्राण से भी प्यारी 'Parkar 51' कलम, शैलेन्द्र के पचास से भी अधिक पत्र, साढ़े तीन सौ पेज लिखी हुई पांडुलिपि, एक बुश रेडियो बड़ा—बहुत सारे अन्य अत्यावश्यक काग़ज़ात—सब ले गए। मेरे पास सिर्फ़ देह पर जो कपड़े हैं—बस।...

इन पत्रों से कई बार 'रेणु' की उद्विग्नता, पीड़ा, बेबसी आदि भी खूब छलकती है, पर जो चीज़ सबसे ऊपर रहती है, वह मेरी समझ में उनका धीरज है। हाँ धीरज, वह धीरज धरते भी हैं और धीरज धराते भी हैं।

रेणु ने इन पत्रों में बिरजू बाबू को दो-तीन तरह से सम्बोधित किया है। कभी 'भाई बिरजू बाबू' कहकर, कभी सिर्फ़ 'बिरजू बाबू', कभी सिर्फ़ 'भाई'। शुरू के पत्र और कुछ बाद के, उन्हें 'भाई बृजमोहन जी', वाले सम्बोधन के भी हैं। ये सभी सम्बोधन, रेणु के बिरजू बाबू के निकट से, निकटतर होते जाने की सूचना भी हैं। पर, अब उस धीरज वाली बात पर लौटें। 4 अप्रैल, 1975 के पत्र में रेणु लिखते हैं :

> भाई बिरजू बाबू,
>
> नहीं, मैंने फारबिसगंज आना नहीं छोड़ा है। आज आना था। नहीं आ सका। कल निश्चय ही आ रहा हूँ। ...टोकरी भर

बातें हैं—आकर आपसे करूँगा। बगैर मिले कैसे जा सकता हूँ! आशा है, आप स्वस्थ और सानंद हैं?

भाई ही
रेणु

पुनश्च : अगर पिछले दो दिनों की, कलकत्ता के किसी पत्र की कोई प्रति हो, भेज सकें तो बहुत अच्छा हो।

यहाँ संकलित ज्यादातर पत्र, रेणु ने बिरजू बाबू को, अपने गाँव औराही-हिंगना से ही लिखे थे, जो बताते हैं कि सत्तर के दशक तक रेणु ने अपना बहुत-सा समय गाँव में ही बिताया था। खेती-किसानी करते। लिखते-पढ़ते। वहाँ कई लोग उनसे मिलने पहुँचते भी थे। रेणु को देश-दुनिया की खबर रखना आता और भाता था। दिलचस्पियाँ कई थीं। राजनीति की दुनिया की सक्रियता भी किसी न किसी रूप में उनमें शामिल थी। पर थे तो अप्रतिम रचनाकार ही, रचना की दुनिया ही उन्हें रास आती थी और चाहते थे कि सभी उसी में रमें। उसमें दिलचस्पी लें। व्यक्तियों की पहचान-परख में भी रुचि थी। और उनके संस्मरणात्मक लेख, 'अज्ञेय', 'अश्क', कामता प्रसाद 'काम' जैसे लेखकों पर लिखे हुए मुझे बहुत प्रिय हैं। पर, अभी तो बात पत्रों की हो रही है। और इसी सन्दर्भ में एक पत्र में डॉ. राममनोहर लोहिया को लेकर लिखी हुई उनकी पंक्तियाँ, किसी को भी प्रिय हो उठेंगी। रेणु 27 अप्रैल, 1965 के पत्र में बिरजू बाबू को लिखते हैं :

भाई,

क्या हाल हैं? आप बीरपुर गए थे क्या? मैं अस्वस्थ हूँ—थोड़ा। यदि आप गए हों तो आपसे पूरी रिपोर्ट तो मिल ही जाएगी। 'दिनमान' के मुखपृष्ठ से तो अब आपको

> एकदम शिकायत नहीं होनी चाहिए। और अन्तर्पृष्ठ में डाक्टर साहब से मुलाक़ात? मुझे ईर्ष्या हुई कि डाक्टर साहब के बारे में मैंने कुछ क्यों नहीं लिखा। बहरहाल, 'धर्मयुग' के लिए एक अन्तरंग लेख लिखने की सोच रहा हूँ—1941-42 में पहली मुलाक़ात से शुरू करके हाल-हाल में—जो भेंट हुई है अब तक का स्मृतिचित्र। जिसमें मुख्य स्वर यह रहेगा—'कोई महान दार्शनिक-विचारक, कलाकार का राजनीति से मन 'उचाट' करवा दे तो भारत का कल्याण हो।'

मजे-मजे में डॉ. लोहिया का किया गया यह आकलन, उन लोगों को कुछ गुदगुदानेवाला भी अवश्य लगेगा जो डॉ. लोहिया के बहुविध कामकाज से, उनके स्वभाव और रुचियों से, राजनीति से उनके इतर लेखन से परिचित रहे हैं। राम, कृष्ण शिव आदि को देखने की लोहिया-दृष्टि ने बहुतों को प्रभावित किया है।

इस पत्र के प्रसंग से यह बात भी याद की जा सकती है कि बिरजू बाबू और रेणु की निकटता का एक कारण समाजवादी विचारधारा भी रही है। और बिरजू बाबू और उनके कुल-परिवार की लोहिया के प्रति प्रीति कुछ पत्रों में मर्मभरे ढंग से छलक उठती है—झलकती है।

बहरहाल जैसा कि मैं उल्लेख कर ही चुका हूँ इन पत्रों के विविध प्रसंग, रेणु की कलम से अंकित होकर, थोड़े में न जाने कितनी कथाएँ कहते हैं। औराही-हिंगना और फारबिसगंज के बीच 'रेणु-बिरजू' का जो पुल बना, उससे होकर गुजरती इन व्यक्त-अव्यक्त कथाओं को बुनने का—अपनी तरह से, अपनी ओर से बुनने का कुछ सुख भी उठाया ही जा सकता है। मसलन, ऊपर के पत्र से इतना अनुमान शुरुआती पंक्तियों से लग जाता है कि बिरजू बाबू को किसी प्रसंग में, किसी कारण से, यह शिकायत रही होगी 'दिनमान' से या उस वक्त के परिदृश्य से, कि डॉ. लोहिया की ओर उतना ध्यान (उन दिनों) नहीं

दिया जा रहा, जितना दिया जाना चाहिए तभी रेणु 'दिनमान' के मुखपृष्ठ की और उसमें डॉ. लोहिया से सम्बन्धित सामग्री की बात कर रहे हैं और पछतावा प्रकट कर रहे हैं कि उन्होंने उन पर क्यों नहीं लिखा। और कहते हैं कि " 'धर्मयुग' में (उन पर) एक अन्तरंग लेख लिखने की बात सोच रहा हूँ..."

'रेणु' पत्रों में अपनी इच्छाएँ प्रकट करते हैं, मन में चल रही बातों (और उनकी हलचल) की ओर संकेत करते हैं। 20 फरवरी, 1962 के एक पत्र में लिखते हैं :

> '...चुनाव समाप्त होने के बाद, आप पित्ती* जी से मेरा लेखक-प्रकाशकीय सम्बन्ध स्थापित कर दें, बड़ी कृपा होगी।'

बहरहाल, इन पत्रों में मानो अक्षर ही नहीं हैं। रंग भी हैं। अक्षरों-शब्दों में भरे हुए रंग। आदमी को शरीर-मन पर कई बार बहुत कुछ झेलना पड़ता है। उस झेलने के कई रूप हैं रेणु के यहाँ।

विद्या बाबू की बेटी रुचिरा गुप्ता की सहेली निवेदिता का एक संस्मरणात्मक रिपोर्ताज भी इस पुस्तक में है। 31 मार्च, 2019 का। उन्होंने फारबिसगंज की एक यात्रा के बाद इसमें बहुत सुन्दर तरीके से कई चीजें दर्ज की हैं। एक जगह वह लिखती हैं :

> 'भोर लाल-लाल कुमुद फूलों से लिपटा था। शेफाली और अड़हुल के पौधे फूलों से भरे हुए थे। चारों तरफ़ फूल ही फूल हैं। गुल अब्बास, गेंदा, सूरजमुखी, नीले-लाल-सफेद-गुलाबी फूल। अहा, प्राणों में बस गए। यह वही जगह है जहाँ फणीश्वरनाथ 'रेणु' आया करते थे। बाहर दीवारों पर शीशे में

---

* पित्ती जी से आशय 'कल्पना' के सम्पादक-संचालक बदरी विशाल पित्ती से है, जिन्होंने नवहिन्द प्रकाशन नाम से एक प्रकाशन भी शुरू किया था। वहीं से डॉ. लोहिया की भी बहुत-सी पुस्तकें आई थीं। वह डॉ. लोहिया के अनन्य सहयोगी थे।

मढ़े हुए रेणु के खत टँगे हैं। मैं उनकी लिखावट देख रही हूँ। खत पढ़ रही हूँ। फारबिसगंज की मशहूर कोठी, जहाँ कभी साहित्य और राजनीति के रंग मिलते थे। नम मिट्टी की सोंधी खुशबू और ताजगी फिजा में बसी हुई है।

'मैं उन्हें महसूस कर रही हूँ। वे यहाँ की मिट्टी की खुशबू में रचे-बसे हैं।...मैं देख रही हूँ उन दीवारों को, ईंट-मिट्टी से बने इस घर को। रेणु से मेरी पहचान इस कदर गहरा गई है कि मैं हाथ बढ़ाकर उनकी हरारत महसूस कर सकती हूँ।'

निश्चय ही निवेदिता ने अपने इस फारबिसगंज-संस्मरण में कई बातें बड़े मर्म के साथ उकेरी हैं। रेणु, बिरजू बाबू और फारबिसगंज का सम्बन्ध ही कुछ ऐसा रहा है सचमुच, कि जो भी फारबिसगंज के पते पर भेजे गए इन पत्रों को पढ़ेगा, उससे रेणु की पहचान निश्चय ही और गहरा जाएगी। यही इन पत्रों से उभरनेवाला 'मर्म' है। निवेदिता भी लिखती हैं : 'ऐसे कई खत हैं जिनसे हम अपने महान अफसानानिगार को समझ सकते हैं। उन खतों से रेणु की व्यक्तिगत जिन्दगी, सोच और साहित्य के बारे में कई संकेत मिलते हैं। आज फिर वर्षों बाद अपने प्रिय अफसानानिगार से मिल रही हूँ। उनकी जमीन पर। वे नहीं हैं, पर यहाँ की हर चीज़ पर उनकी छाप है।'

रेणु जैसा लेखक जब भी कुछ लिखता है। याद करता है। याद दिलाता है। मन की बातों को गुनगुनाता है। उन्हें धूप-छाँव में रखता है, तो निश्चय ही उसमें बहुत-सी मानवीय तरंगें उठती हैं। कई तरह की रंगतें दिखाई पड़ती हैं। जब हम इन पत्रों को पढ़ेंगे—कई बार पढ़ने की इच्छा से उन्हें पढ़ेंगे—तो वे तरंगें और रंगतें उन्हें घेर लेंगी।

लेखक या कलाकार होने की शायद यह भी एक शर्त है कि लेखक-कलाकार उठे-बैठे, कुछ कहे-करे, बतियाए, कुछ लिखे-बनाए—लेखन या किसी अन्य प्रकार की रचना से लेकर, बागबानी करने और पकवान बनाने तक कुछ करे—तो उसमें एक रचनात्मक सुवास हमें मिले ही

मिले। रेणु के इन खतों में वैसी ही एक सुवास तो है ही, एक खांटी रेणु छाप भी है। निवेदिता ने यह भी ठीक ही नोट किया है कि...

> 'आज फिर वर्षों बाद अपने प्रिय अफसानानिगार से मिल रहीं हूँ। उनकी जमीन पर। वे नहीं हैं, पर यहाँ की हर चीज पर उनकी छाप है।'

हम जो वहाँ नहीं गए, उन पर भी एक छाप ये पत्र डाल रहे हैं। यह भी इनकी एक सार्थकता है। रेणु अपने इन पत्रों में, अपने पात्रों का—उनके बनने-उभरने का—जिक्र भले न करते हों, पर इन पत्रों में उनके उभरने-बनने की एक छाया-सी भी हम महसूस करते हैं। दूसरे शब्दों में कहें तो जो पत्र हमें अनायास उनके साहित्य, उनकी कथा-धारा से जोड़ते हैं। "कहानी उनके रेशे-रेशे में (जो) थी।"

जो 'टोकरी भर बातें' रेणु, बृजमोहन गुप्ता से कई वर्षों तक, कुछ दिनों के अन्तराल पर करते रहे होंगे, वे अपनी जगह अद्‌भुत रही होंगी। इसका कुछ अनुमान वे लोग लगा सकते हैं, जो रेणु से कभी न कभी थोड़ी-बहुत देर के लिए मिले। रेणु में बतियाने, संस्मरण सुनाने, चुटकी लेने की जो प्रतिभा थी, वह उनके लहराते लम्बे केशों के साथ और खिल उठती थी।

मेरा सौभाग्य कि रेणु से पहली बार मेरा मिलना कलकत्ता (अब कोलकाता) में हुआ था। तब मैं बीस बरस का था। बात 1960 के आसपास की है। रेणु, 'मैला आँचल' और अपनी कहानियों के कारण, बड़े लेखक बन चुके थे। और तब के हम युवा कवियों-कथाकारों का उनसे मिलना एक बड़ी उपलब्धि ही तो थी। और क्या अद्‌भुत संयोग कि रेणु और निर्मल वर्मा, बिलकुल संयोगवश, कलकत्ता में थे। मैं निर्मल जी के साथ एक दिन ज्ञानपीठ के कार्यालय में गया तो, वहाँ सहसा रेणु जी भी आ गए—दोनों एक-दूसरे को देखकर सचमुच गद्‌गद हुए। रेणु ने पूछा, "निर्मल, बियर-वियर ठीक से मिल रही है न यहाँ?" (या ऐसा ही कुछ) निर्मल अपनी खास मुस्कान के साथ मुस्कराए। निर्मल, चेकोस्लोवाकिया से विवाह करके

बकुल जी के साथ लौटे थे, और कलकत्ता होते हुए पुरी जा रहे थे। मेरी रेणु जी से आगे की मुलाकातें दिल्ली के 'दिनमान' दफ्तर में हुईं, और एक बार मनोहरश्याम जोशी उन्हें साथ लेकर 'त्रिवेणी कला संगम' जा रहे थे, भोजन कराने, और उन लोगों ने मुझे भी साथ ले लिया था। रेणु जी सत्तर के दशक के शुरुआती बरसों में हमारे घर भी आए। भोजन किया—उन्हें दिल्ली में बांग्ला भोजन करने की इच्छा थी। जुगनू शारदेय ने उनकी यह इच्छा मुझे बताई थी तो मैंने आग्रह किया रेणु जी से, कि वे घर आएँ। हमें बहुत खुशी होगी। मेरी पत्नी ज्योति बांग्ला व्यंजन बना लेती हैं। बड़ी अच्छी शाम बीती। मैंने अपने मित्र कथाकार-उपन्यासकार रवीन्द्र वर्मा को भी बुला लिया था। हमारे पास 'तीसरी कसम' का लाँग प्लेइंग रिकॉर्ड भी था। वह सुना गया। रेणु जी ने उस शाम अपने जेल जीवन के बहुत से किस्से सुनाए।

यह सब तो मैंने प्रसंगवश ही यहाँ संक्षेप में याद किया है। इन पत्रों को पढ़ते हुए, एक 'रेणु उपस्थिति' मैं अपने भीतर महसूस करता रहा। और यह 'उपस्थिति' तो वे पाठक भी महसूस करेंगे, जो रेणु से कभी मिले नहीं होंगे।

वैसे उनके लेखन से, उनसे जुड़ी हुई चीजों से मिलना तो कभी बन्द होगा नहीं। निश्चय ही नई पीढ़ियों को भी ये पत्र रेणु से भलीभाँति मिलवाएँगे। इन पत्रों में रेणु कभी-कभी बहुत जल्दी में लगते हैं। और एक पत्र तो उन्होंने चलती गाड़ी से लिखा है—बिरजू बाबू को। पर, जल्दी में भी, रेणु बात पूरी लिखते हैं। ये पत्र एक तरह से रेणु-रचनाएँ ही हैं—उन्हीं की कड़ी में। अपने आस्वाद में। कलेवर भले छोटा हो।

रेणु के पत्रों में कुछ सन्दर्भ और अधिक स्पष्ट हो सकें इसलिए परिशिष्ट में कुछ अतिरिक्त सामग्री देना ज़रूरी लगा है। सो, इसमें निवेदिता के संस्मरण-लेख के साथ, बी.पी. कोइराला लिखित रेणु की 'नेपाली क्रान्ति कथा' की भूमिका है और हैं कुछ अन्य चीजें भी।

पर, अन्त में एक बार कुछ जोर देकर ही यह कहने की इच्छा हो रही है कि कोई रेणु के इन पत्रों को सन्दर्भ, संकेत, जाने बिना—सिर्फ़ एक मित्र को लिखे गए दूसरे मित्र के पत्र भर मानकर पढ़े, तो भी उसे बहुत कुछ मिलेगा—मैत्री की वह गहराई और गरमाहट तो मिलेगी ही,

जो 'भाई बिरजू भाई' के सम्बोधन में है—और पत्र के अन्त में दिया हुआ—'भाई ही रेणु'

सो पत्र के शुरू में भी 'भाई', और अन्त में भी 'भाई'—तो है सचमुच यह 'दो भाइयों की कथा' भी, जिसे ये पत्र हमारे लिए बुन देते हैं।

—प्रयाग शुक्ल

सबसे अच्छी कहानी कहने वाले रेणु जी

मैं आज भी यह कल्पना करती हूँ कि हमारे बीच सिर्फ धान और सरसों के कुछ हरे-पीले खेत हैं। मैं आज भी यह कल्पना करती हूँ कि हम दोनों अभी भी फारबिसगंज गाँव-नगर में रहते हैं। मुझे अब भी यह कल्पना करना पसन्द है कि मैं एक बैलगाड़ी में पुआल के ऊपर बिछाए गए गलीचे पर 'आल्थी-पाल्थी' लगाकर बैठी हूँ। हम देहात में रेणु जी की मिट्टी की झोपड़ी से अपने जगदीश मिल के घर जा रहे हैं, मैं रेणु जी से कहानियाँ सुन रही हूँ—

दो तालाब थे। एक खाली-खाली, और दूसरे में पानियेई नहीं।

जैमे पानियेई नहीं, उनमें दो मछलियाँ थीं। एक मरियल-मरियल, और एक में जानेई नहीं।

जैमे जानेई नहीं...

घर पहुँचते ही हम बच्चे दादी, माँ, बुआ, ताई और चाची के पास भाग जाते हैं। रेणु जी सिगरेट पीने और मेरे चाचा और पिता के साथ बातचीत करने के लिए रुक जाते हैं। वे सब हमारी गद्दी के बाहर बेंत की कुर्सियों पर बैठे हैं। उनके सामने एक मेज पर चाय के कप हैं।

मेरे लम्बे पिता, बड़े ताऊ जी[1] और बिरजू ताऊ जी अपने कलफदार उज्ज्वल सफ़ेद धोती-कुर्ते में शानदार लग रहे हैं। मैं गिरिजा बाबू[2] को देख

---

1. बालकृष्ण गुप्ता, संसद के राज्यसभा सदस्य, लन्दन की ट्राट्स्की पार्टी और भारत की संयुक्त सोशलिस्ट पार्टी के संस्थापक
2. गिरिजा प्रसाद कोइराला, नेपाल के प्रधानमंत्री

सकती हूँ, उनके सर पर नेपाली टोपी और हाथ में सिगरेट है। कवि नागार्जुन भूरे रंग के खादी कुर्ते में हैं।

फारबिसगंज कॉलेज के हेडमास्टर और समाजवादी विचारों की एक पत्रिका के सम्पादक, कमला बाबू कुछ कह रहे हैं। हमारे इलाके के स्वतंत्रता सेनानी, नेवीलाल यादव भी इस चर्चा में शामिल हैं। डॉक्टर साहब[1] जल्द ही फारबिसगंज आनेवाले हैं और कई तैयारियाँ चल रही हैं।

गोधूलि है और घर के प्रवेशद्धार पर एक बल्ब चमक रहा है। घर की सफेदी पीले और लाल रंग के साथ की गई है। जिस मकान में गद्दी है, वहाँ से घर सिर्फ पाँच मिनट दूर है, लेकिन रास्ता रमणीय ध्वनियों, गन्धों और स्वादों से भरा हुआ है।

मधुमालती के गुलाबी और सफेद रंग के प्रचुर फूल हमारे सिर के ऊपर मंडप की तरह फैले हुए हैं। करौंदे की शाखाएँ रसीले खट्टे फलों से लदी हुई हैं, जैसे हमारी प्रतीक्षा कर रही हों कि हम आकर फलों को तोड़कर कुतरने लगेंगे।

एक गिलहरी अनगिनत पत्तों से भरे अमरूद के पेड़ की सफेद डाल पर लगातार भागदौड़ कर रही है। इस गोले के चौताल पर हमारी मिल के चावल सूख रहे हैं। गोदाम से एक नेवला निकलकर चूहे के पीछे कहीं भाग जाता है।

घर में बिजली जैसी उत्तेजना है। हम यहाँ स्कूल की छुट्टियाँ बिताने हर साल की तरह आए हैं, बहुत कुछ चल रहा है। चारों ओर हलचल है। बारह कमरों का घर, चार हॉल वाली गद्दी, छह कमरों वाला बासा[2], सबमें परिवार के सदस्यों के अलावा दिलचस्प मेहमान भी ठहरे हुए हैं। वे कवि हैं, नेपाल के स्वतंत्रता सेनानी हैं और भारत के समाजवादी नेता हैं।

सभी के पास हमेशा हम बच्चों के लिए एक पल होता है। गिरिजा बाबू हमें नेपाल की बर्फीली चोटियों और बुरे राजा, जो लोगों का शोषण करते हैं, के बारे में बताते हैं। नागार्जुन जी ताली बजाते हुए अपनी कविताओं में

---

1. डॉ. राममनोहर लोहिया, महान समाजवादी नेता और विचारक।
2. रसोइया और पुजारी के लिए क्वार्टर।

तानाशाहों को उखाड़ फेंकने का पाठ करते हैं। नेवीलाल जी और मेरे पिता हमें पूर्णिया जेल के चमगादड़ों और मच्छरों के बारे में बताते हैं।

पर सबसे अच्छी कहानी कहने वाले रेणु जी हैं। वह हमें गाँव के किसानों, मछुआरों, नाविकों, चरवाहों, डॉक्टर, कबीरपंथी, लाइब्रेरियन और हेडमास्टर की कहानियाँ सुनाते थे। वह कोसी नदी की बहन दुलारी, पिचू पेड़ के भूत, नौटंकी नाच और स्टेशन मास्टर की कहानियाँ भी सुनाते थे।

उनकी कहानियाँ न केवल पात्रों के संवाद को बल्कि उनमें वर्णित परिवेश में मौजूद विभिन्न स्वरों के संगीत को भी शब्दों के माध्यम से मूर्त करती हैं। उनमें हमारे मिथिलांचल की नदियों, हवाओं और तरु-तृण की ध्वनियाँ दर्ज हैं। रेणु जी की कहानियाँ हिन्दी में लिखी गई हैं, पर उनमें हम कई अन्य सुसंगत बोलियों और ध्वनियों को सुन सकते हैं। जी हाँ, रेणु की कहानियों को पढ़ते समय आप सुन भी सकते हैं। उनकी भाषा में मैथिली, सन्थाली, ब्रज, नेपाली, बंगाली और बिहारी अंग्रेजी मिश्रित है।

रेणु जी की भाषा की तरह, उनकी रचनाओं में दर्ज गाँव और पात्र स्थिर नहीं, प्रगतिशील हैं। उनका गाँव कोई विचित्र यूटोपिया या जबरन गढ़ा हुआ नहीं है, वरन् एक जीवित अनुभव है। उनकी कहानियों में वर्ग, जाति और लिंग का हंगामा है। पदानुक्रमों को उखाड़ दिया जाता है और भूमि को पुनः प्राप्त किया जाता है।

रेणु जी के दो सबसे जमीनी उपन्यास—'मैला आँचल' और 'परती परिकथा' में भूमि ही मुख्य नायक है। भूमि को फिर से उपजाऊ बनाने का महाकाव्यात्मक संघर्ष है। दोनों उपन्यासों के पात्र भूमि को पुनर्जीवित करने के लिए आधुनिक मूल्यों, विज्ञान और प्रौद्योगिकी का उपयोग करते हैं। इस क्रम में उन्हें ग्रामीण जनजीवन में मौजूद अन्धविश्वासों, रूढ़िवाद, सामन्ती मानसिकता और पारम्परिक जड़ताओं का सामना करना पड़ता है।

तीन राजनीतिक विश्वास उनकी कहानियों में होड़ करते हैं—कांग्रेस, जो भारत के स्वतंत्रता आन्दोलन की पार्टी से एक सत्तारूढ़ पार्टी में बदल जाती है; समाजवादी पार्टी जो वर्ग, जाति और लिंग के आधार पर जारी भेदभाव को दूर कर समाज में सुधार करना चाहती है; और राष्ट्रीय स्वयंसेवक संघ

जो धार्मिक और जातिगत व्यवस्था को पकड़कर रहना चाहता है।

रेणु जी की कहानियाँ उनके राजनीतिक विचारों को प्रतिबिम्बित भी करती हैं और अक्सर बढ़ावा भी देती हैं। वह समाजवादी थे। आज भी मुझे न्यूयॉर्क में उनका एक स्टेटमेंट याद आता है, "मैं डेमोक्रेटिक सोशलिस्ट हूँ, सोशल डेमोक्रैट नहीं।"

मैं अक्सर सोचती हूँ कि रेणु जी एक मुफस्सिल गाँव में रहकर समाजवादी कैसे बने, जमीनी किसान परिवार में जन्म लेकर लेखक कैसे बने। हम जानते हैं कि उनकी लेखनी पर बांग्ला भाषा के महान उपन्यासकार सतीनाथ भादुड़ी का प्रभाव है, हम यह भी जानते हैं कि बिशेश्वर प्रसाद कोइराला से उनकी मुलाकात एक ट्रेन में हुई थी। पर ऐसी कौन सी चिनगारी थी जिसने उनके जोश को जगाए रखा?

मेरा बालिग़ अस्तित्व मानता है कि सुन्दर साहित्य, आन्दोलन की प्रेरणा और जमीन के प्रति लगाव से जन्मता है। रेणु जी का साहित्य फारबिसगंज की ज़मीन और समाजवादी आन्दोलन से जन्मा है। उनके विचार मेरे ताऊजियों और मेरे घर के सम्पर्क में आकर और दृढ़ हुए।

हमारा फारबिसगंज का घर इस आन्दोलन का केन्द्र था। मेरे पिता और दोनों ताऊ, मिल मालिक होकर भी, एक ऐसे समाज का सपना देखते थे जहाँ गैरबराबरी कम से कम हो और हर इनसान मर्यादा और गरिमा से अपने जीवन को जी सके।

हमारा फारबिसगंज का घर, समाजवादी आन्दोलन के सदस्यों का घर बन गया था, शायद समाजवादी आन्दोलन का ही घर था। जयप्रकाश नारायण, डॉ. राममनोहर लोहिया, बिशेश्वर प्रसाद कोइराला और अरुणा आसफ अली से लेकर कर्पूरी ठाकुर, मधु लिमये, जॉर्ज फ़र्नांडीस, मुलायम सिंह, लालू यादव और राहुल गांधी सब यहाँ अलग-अलग समय रह चुके हैं।

हिन्दी के अनेक प्रसिद्ध लेखक भी आकर यहाँ रहते थे। विचारों का आदान-प्रदान होता था और इस समन्वय से समाजवादी सोच और साहित्य दोनों सशक्त होते थे।

इस किताब में मेरे पिताजी ने रेणु जी की कुछ अप्रकाशित चिट्ठियों को

पेश किया है। ये चिट्ठियाँ हमारे फारबिसगंज वाले घर में स्टील के एक ट्रंक में पड़ी थीं। कुछ चिट्ठियाँ मेरे ताऊ जी के नाम हैं, कुछ अन्य लेखकों और समाजवादी दोस्तों के नाम। कुछ चिट्ठियाँ रेणु जी के किसान रूप की झलक देती हैं—उनकी कठिनाइयाँ, उनके प्रयत्न, उनकी उपलब्धियाँ।

रेणु जी की इन चिट्ठियों के द्वारा हम एक आन्दोलन को समझ सकते हैं, समाजवाद को समझ सकते हैं, एक मिल मालिक और किसान की दोस्ती को समझ सकते हैं।

देश के एक कोने में, नेपाल के बॉर्डर पर, एक छोटे-से क़स्बे फारबिसगंज में एक चावल मिल मालिक का घर समाजवाद का केन्द्र कैसे बना? और उस समाजवाद ने साहित्य से लेकर सरकार तक और पूरे हिन्दुस्तान से लेकर नेपाल तक के सामाजिक और राजनीतिक परिदृश्य में तहलका कैसे मचा दिया?

मैं सोचती हूँ, इस समाजवाद की छाया मेरे खुद के काम पर भी है। समय और स्थान को पार कर रेणु जी की कहानियाँ अब भी मेरे लिए प्रासंगिक हैं। मेरा एनजीओ, अपना आप वीमेन वर्ल्डवाइड, फारबिसगंज के लालबत्ती क्षेत्र के नट टोले में एक सामुदायिक केन्द्र चलाता है। हमारा काम साक्षरता को बढ़ावा देना है। उद्‌देश्य अन्तरपीढ़ी वेश्याईकरण को रोकना है।

आप सोचेंगे कि यह 'वेश्याईकरण' क्या है? निश्चय ही हिन्दी में ऐसा कोई शब्द पहले से नहीं है। पर मैंने रेणु जी से नए शब्द गढ़ने की हिम्मत भी सीखी है। मैंने जानबूझकर वेश्यावृत्ति के बदले वेश्याईकरण शब्द का उपयोग किया है। मैं मानती हूँ कि किसी औरत की वेश्या बनने की वृत्ति नहीं होती है। यह उसकी मजबूरी का ही परिणाम होता है। उसकी विवशता का फायदा कोई न कोई उठाता है, उसका वेश्याईकरण करता है।

शब्दों के परिणाम होते हैं। शब्द हमारे सोच को प्रभावित करते हैं। जब तक हम वेश्यावृत्ति शब्द का उपयोग करेंगे, तब तक हम उस पुरुष और व्यवस्था को नहीं देख पाएँगे जो औरतों का वेश्याईकरण करती है। अगर हमें समाज बदलना है तो शब्दों को भी बदलना पड़ेगा; हमें नए शब्द गढ़ने पड़ेंगे।

मैं नहीं चाहती [illegible] कोई ताजमणि पीछे छूट जाए जबकि कोई जीतन बाबू कॉलेज की डिग्री प्राप्त कर लें या एक राजमणि भागलपुर में किसी लाल बत्ती इलाके में मर जाए या किन्हीं हीराबाई-हीरामन का प्यार अधूरा रह जाए।

मैं कोसी नदी की सौतेली बहन दुलारी के बारे में सोचती हूँ। दुलारी अपनी भागने वाली बहन कोसी को घर का रास्ता दिखाने के लिए अपनी साड़ी की सिलवटों में एक मोमबत्ती के साथ इन्तजार कर रही थी।

मैं संयुक्त राष्ट्र संघ को सलाह देती हूँ, न्यूयॉर्क यूनिवर्सिटी में पढ़ाती हूँ और वैश्विक महिला आन्दोलन में भाग लेती हूँ। मैं चाहती हूँ कि ज्यादा से ज्यादा महिलाएँ दुलारी की तरह बनें।

मैं भी यह सुनिश्चित करना चाहती हूँ कि गन्दी साड़ी बॉर्डर हमारे जीवन में यहाँ और अब एक सुनहरी साड़ी बॉर्डर है। इस परती भूमि के लिए रेणु जी का प्यार और सामाजिक न्याय के लिए उनकी इच्छा मेरे उप-चेतन में प्रवेश कर गया है।

शायद, वह मेरे फारबिसगंज वाले घर के किसी कोने में चाय पी रहे हैं और राजनीति पर चर्चा कर रहे हैं। शायद इसीलिए उनके अप्रकाशित पत्रों का यह संग्रह और मेरे पिता और प्रयाग शुक्ल के निबन्ध महत्त्वपूर्ण हैं। वे एक ही कहानी के हिस्से हैं, जो कभी समाप्त नहीं होती है।

—रुचिरा गुप्ता

चिट्ठियाँ

1953 से 1969

यह रेणु जी का बिरजू बाबू को 29/11/1953 को लिखा पहला पत्र विशेष महत्त्वपूर्ण है। इस पत्र में रेणु जी ने बिरजू बाबू से अपनी अन्तरंगता प्रकट की। बिना किसी संकोच के तथा अपने पहले उपन्यास 'मैला आँचल' की पांडुलिपि उनको, अपने प्रथम पाठक को भेजी, तथा उसको छपवाने की कोशिश करने का अनुरोध किया।

औराही
29/11/53

भाई बृजमोहन जी

जैसा कि मैंने वादा किया था, दूसरे ही दिन 'मैला आँचल' की पांडुलिपि नहीं भेज सका। टाइप की गलतियों को दुरुस्त कर देना था, सो वहाँ से आते ही भीषण सर्दी-जुकाम का मुकाबला करना पड़ गया। फिर घर के चंद झंझटों और परेशानियों में गलतियाँ दुरुस्त होने से रहीं। कल एक बार कुछ काम करना चाहा, किन्तु सच बताऊँ आपसे—हिम्मत नहीं हुई कि पांडुलिपि के पन्नों को स्पर्श भी करूँ। हिम्मत नहीं होती है। ...लम्बी और खतरनाक बीमारी के दिनों, दिन-रात अस्पताल की कचकचाने वाली खटिया पर करवटें ले-लेकर जिसके 'थीम' को गूँथने का काम किया। जिसके climex तथा पात्रों ने मुझे जीने की उम्मीद बँधाई। और बार-बार यही मन की लालसा किसी अज्ञात शक्ति के सामने रखता रहा कि अब जी जाऊँ तो इसे कर लूँ। जी गया। वादा पूरा किया। दिन-रात परिश्रम करके जिसके 350 या 400 पृष्ठों का ताना-बाना बुन डाला। चीज अच्छी उतर गई है, इसीलिए बड़ा मोह हो गया है। ...यह

पांडुलिपि जब तक अप्रकाशित अवस्था में मेरे पास पड़ी रहेगी; समझो—बिना ब्याही जवान बेटी गरीब की। और क्या कहूँ?

तो पांडुलिपि टाइप भी गम्भीर और भोंड़ी गलतियों के साथ ही भेज रहा हूँ। इसे सुधारकर पढ़ लेंगे। पूरी पांडुलिपि मेरे पास तो नहीं—जो थी उसमें से आधा भेज रहा हूँ। यदि आप चाहेंगे तो बाकी भी भेज दूँगा।

आपसे विशेष क्या कहूँ? आप चाहें तो अपने बन्धुओं से मिलकर—थोड़ा परिश्रम तो करना पड़ेगा—इसकी प्रकाशन की समस्या को हल कर सकते हैं। अपने बन्धुओं में से जो हमारे common friend हों, यदि आप कहें तो मैं भी मिलूँ। लेकिन मुझे बहुत संकोच होता है। फिर भी, अपने काम में संकोच करने से तो नहीं चलेगा। यों आप उन्हें मेरा यह सन्देश कह देंगे—राजनीति में रहकर मैं अपनी पार्टी के लिए भले ही आपसे कुछ माँगने नहीं गया होऊँ, लेकिन आपने विभिन्न राजनीतिक पार्टियों को और व्यक्तियों को जैसे-जैसे समय में (और मुझे भी) सहायता की है, वह कम से कम मुझसे तो छिपी नहीं। वह व्यापार का जमाना था आपका, मानता हूँ—यह 'डिप्रेशन' का समय जा रहा है। किन्तु, आप अपने अकर्मण्य (जिसे सेहत ने बना दिया है अकर्मण्य—'निष्काम योगी') साहित्यिक मित्र को 'डिप्रेस्ड' नहीं कीजिएगा, यही आशा है। और मेरी माँग कोई लम्बी-चौड़ी नहीं। इसे आप सब मिलकर बगैर किसी विशाल आयोजन के कर ले सकते हैं। बशर्ते मुझ पर आपका स्नेह और प्यार रहे।

तो बिरजू बाबू, आज इतना ही! योग्य सेवा लिखेंगे।

आपका

—रेणु

(कुछ पन्ने बगैर pin up किए हुए हैं। जेम्स क्लिप लगा दीजिएगा।)

(P.S. यदि आप उपयुक्त तथा आवश्यक समझें तो मुझे बुला सकते हैं।)

पटना
19/9/60

प्रियवर,

ता. 21/9/60 यानी इसी बुधवार को 'जूट उत्पादन' रूपक—रात में 8.30 पर प्रसारित किया जाएगा। आप स्वयं तथा अपने अन्य मित्रों को इसकी सूचना दे दें—कृपया। और लिखें कि आप लोगों को कैसा लगा।

मैं स्वस्थ हूँ। दुर्गापूजा के बाद घर आऊँगा तो निश्चय ही भेंट होगी। आशा है आप सपरिवार स्वस्थ और प्रसन्न हैं।

पत्रोत्तर देंगे।

नमस्कार स्वीकारें।

भाई ही
रेणु

श्री बृजमोहन बाँयवाला
जगदीश मिल्स
फारबिसगंज (पूर्णियां)

औराही-हिंगना
18/2/62

प्रिय भाई बृजमोहन जी,

मैं 30/1/62 को ही गाँव आया हूँ। सुना, आप आजकल यहीं हैं अर्थात् आप फारबिसगंज में हैं। इसलिए कल सुबह 9 बजे की गाड़ी से दर्शन के लिए आ रहा हूँ। आप कल सुबह बाहर जाने का प्रोग्राम नहीं बनाइएगा, कृपया!

एक बात, 'कल्पना' आपके पास आती है? जनवरी अंक आया है? यदि आया हो तो ललित जी के हाथ भेज देंगे। मैं कल लेता आऊँगा।

आशा है, आप स्वस्थ और प्रसन्न हैं।

विशेष मिलने पर।

भाई ही
रेणु

औराही हिंगना
20/2/62

प्रिय बृजमोहन भाई,

मेरे नये प्रकाशक के संबंध में आपने जो राय कल प्रकट की—वह सच है शायद। आज मैं उनके पिताजी को एक अच्छा पत्र लिख रहा हूँ।

...चुनाव समाप्त होने के बाद, आप पित्ती जी से मेरा लेखक- प्रकाशकीय सम्बन्ध स्थापित कर दें, बड़ी कृपा होगी।

श्री ललित जी को आपकी सेवा में भेज रहा हूँ। कृपया इनके मार्फत मुझे 300) तीन सौ रुपये भेज दें। मैं, यदि संभव हुआ (अर्थात् यदि उन्होंने भेज दिया) तो 1/3/62 के पहले अथवा पटने वापस होकर 7/3/62 तक रकम लौटा दूँगा।

इस बीच भेंट होगी। जगदीश बाबू तो 25/2 के पहले या 25/2 को ही यहाँ आनेवाले हैं, आप भी आइए न। नमस्कार।

भाई ही
रेणु

औराही-हिंगना
8/4/65
सायंकाल

प्रिय बिरजू बाबू,

मैं कल बरौनी-जोगबनी वाली गाड़ी से उतरकर सीधे जगदीश मिल्स में आ जाऊँगा। जैसा कि तय हुआ है, उसमें थोड़ा संशोधन यही करना है कि हम 12 बजे 1 बजे तक फारबिसगंज छोड़ दें। वहाँ, अर्थात् वीरपुर में रात 10 बजे तक रहकर वापस आना चाहता हूँ।...पटना से कलकत्ता जाते वक्त चित्तरंजन का रात का रूप देखकर ही मुग्ध हो जाना पड़ा था। तब से किसी भी नयी जगह का रात्रि-रूप देखने का लोभ!

आप साथ रहेंगे तो मुझे आज से दस-ग्यारह साल पहले की एक यात्रा की याद फिर से आयगी—आती जायगी।

आशा है, आपका साथ मिलेगा। नमस्कार ग्रहण करें।

जगदीश बाबू हैं?

भाई ही
रेणु

नागार्जुन जी आपके बारे में बातें कर रहे थे और कह रहे थे कि तुमने जैसा कहा था वैसा पाया—सभी को!

औराही-हिंगना
13/4/65

प्रिय भाई,

रात मेरे घर के सामने एक परिवार पर बज्रपात हुआ और एक साथ 6 व्यक्ति मर गये।

आज मुझे मास्टर साहब के आवश्यक कार्य से फारबिसगंज आना था। नहीं आ सका। कल दस बजे की गाड़ी से अवश्य आ रहा हूँ।

अब तो (इस अंक को देखकर) आपको मुख्यपृष्ठ की तस्वीर के लिए शिकायत नहीं होनी चाहिए।

इस बार का 'डिस्पैच' कैसा लगा? कल आ रहा हूँ—बातें होंगी।

एक बात। उस दिन तो हम लोग सिर्फ फोटो लेने के फ़िराक में रहे। पुल के पास एक बोर्ड पर तरह-तरह के आँकड़े थे—जिसे नोट कर लेना आवश्यक था।

खैर, किसी दिन नगेन्द्र 'बस' से जाकर ले आयेगा।

विद्या बाबू तथा आप नमस्कार ग्रहण करें।

भाई ही
रेणु

औराही-हिंगना
27/4/1965

भाई,

क्या हाल है? आप बीरपुर गये थे क्या? मैं अस्वस्थ हूँ—थोड़ा। यदि आप गये हों तो आपसे पूरी रिपोर्ट तो मिल ही जायगी। 'दिनमान' के मुखपृष्ठ से तो अब आपको एकदम शिकायत नहीं होनी चाहिए। और अंतर्पृष्ठ में डाक्टर साहब से मुलाकात? मुझे ईर्ष्या हुई कि डॉक्टर साहब के बारे में मैंने कुछ क्यों नहीं लिखा। बहरहाल, 'धर्मयुग' के लिए एक अंतरंग लेख लिखने की सोच रहा हूँ—1941-42 में पहली मुलाकात से शुरू करके हाल-हाल में—जो भेंट हुई है अब तक का स्मृतिचित्र। जिसमें मुख्य स्वर यह रहेगा—'कोई महान दार्शनिक-विचारक, कलाकार को राजनीति से मन 'उचाट' करवा दे तो भारत का कल्याण हो।'

मैं 5/5 तक पटने जानेवाला था। किन्तु, घर के कई आवश्यक कामों से अटक जाना पड़ा है। आप कब तक कलकत्ते जा रहे हैं? एक बात, 'दिनमान' तथा 'धर्मयुग' से 'cross cheque' पटने में आकर पड़ा हुआ है। मैं 15/5 तक नहीं जा सकूँगा। क्या cheque मँगवा लूँ? उसकी व्यवस्था हो सकती है?—संकट में हूँ। किसी भी दिन फारबिसगंज आ सकता हूँ। कलकत्ता जाने के पहले आप लोगों को एक बार यहाँ, ले आना है।

औराही-हिंगना

19.2.66

प्रिय भाई बृजमोहन जी

मैं 12/2 और 13/2 को फारबिसगंज में था। फारबिसगंज में रहकर भी कहीं आ सका—मुझे इसकी ग्लानि है। किन्तु, नहीं आने का किस्सा है...।

उस दिन मैं एक [भूतपूर्व समाजवादी] कांग्रेसी एम.एल.ए. मित्र के साथ था और उन्हीं की [मर्जी और सुविधा के अनुसार!] कृपा से 'एक साथ, हजार प्रोग्राम' जैसा प्रोग्राम बनाकर घर से निकला।...30, 32 वर्ष पहले देखे हुए कई गाँवों को देखने निकला था। और, किसी एम.एल.ए. के साथ गाँवों को देखने निकलना भी बहुत दिनों के बाद हुआ था। सो भी 'जीप' पर! डेढ़ बजे दिन के बदले करीब तीन बजे फारबिसगंज पहुँचा। सबसे पहले भाई साहब की सेवा में उपस्थित हुआ। यही प्रोग्राम था। किन्तु, मिल में पहुँचकर पता चला कि कुछ देर पहले ही एक [भूतपूर्व समाजवादी] कांग्रेसी एम.एल.ए. अपनी 'जीप' पर आकर—जा चुका है। मालूम हुआ—बिरजू बाबू पूर्णियां गये हैं। सच कहूँ—उस समय साहस नहीं हुआ भाई साहब से मिलने का। यानी मुझे उपयुक्त समय नहीं लगा। क्योंकि भाई साहब के मिज़ाज को मैं जानता हूँ। श्री कमलनाथ जी से बातें करने के बाद वे विश्राम करने गए थे। उसी समय मैं श्री सरयुग मिश्र के साथ पहुँचता तो बात कहाँ से शुरू होती?

अत: दूसरे दिन प्रात: आने की बात कहकर लौट आया। मुझे क्या पता था कि सुबह को उनका ड्राइवर नहीं होता है और सुबह आने का मतलब

दो बजे दिन ही होता है। कॉलेज में दो बजे उपस्थित होना था—ढाई बजे पहुँचा। रात साढ़े आठ बजे तक वहीं बैठा रहा। आप तो जानते ही हैं कि मेरा गाँव क्या से क्या हो गया है। इसलिए, रात में ही घर भागना पड़ा।

...नहीं तो, ऐसा भी कभी हुआ है [इधर] कि फारबिसगंज आऊँ और मिल में पहुँचकर अपनी [सुख-सुविधा-स्वार्थ के लिए ही सही] हाजिरी न बोलूँ? तिस पर यह मालूम हो कि 'भाई साहब' यहीं हैं!

भाई साहब से इस बार मिलने का 'विशेष कार्यक्रम' मैंने बनाकर रखा है यानी इस बार बजाप्ता 'भेंट' करनेवाला 'अर्ध साहित्यिक-अर्ध पत्रकार' बनकर जाना है।

कृपया पत्रवाहक के द्वारा ही सूचित करें कि सोमवार (21/2) को भाई साहब और आप फारबिसगंज में ही रहेंगे तो? सुबह पहली गाड़ी से आकर दिन भर रहना है। रात भी रह सकता हूँ। दूसरे दिन भी रह जाना पड़े तो रह जाऊँगा।

पत्रोत्तर दें। नमस्कार ग्रहण करें।

भाई ही
रेणु

सेवा में

श्री बृजमोहन बाँयवाला जी
फारबिसगंज।

औराही-हिंगना
8/4/69

प्रिय भाई बृजमोहन जी,

प्रणाम।

मैं नवम्बर 68 से ही गाँव पर हूँ। यानी झख मार रहा हूँ। दो बार फारबिसगंज गया लेकिन चाह कर भी आप लोगों से नहीं मिल सका। गृहस्थी यानी दुनियादारी—संसार का दूसरा नाम 'प्रपंच' ठीक ही कहा गया है।

भाई जी कब तक फारबिसगंज आवेंगे? यहाँ कौन-कौन है? कृपया पत्रवाहक को एक पत्र दे दें।

मैं 11/4 यानी शुक्रवार को सुबह की पहली गाड़ी से फारबिसगंज आ रहा हूँ। स्टेशन से सीधे मील ही आ जाऊँगा।

भाई ही
रेणु

1970

2/30, राजेन्द्र नगर,
पटना
11.7.1970

प्रिय भाई बिरजू बाबू,

कल 'बेखबर' की खबर मिली।

25/7 या 26/7—??

'दिनकर' जी ने अपनी स्वीकृति देकर जिस स्नेह और प्रेम का परिचय दिया है, आशा है हम उसके अनुरूप ही अपना परिचय दे सकेंगे।

अपने अभिनन्दन-समारोह के संबंध में कोई परामर्श दे—यह बात लज्जास्पद और हास्यास्पद है। किन्तु, दिनकर जी को बुलाने का फैसला करके आपने मेरी स्थिति अजब कर दी कि मुझे बोलना ही पड़ रहा है।

मेरा नम्र निवेदन है—

(1) दिनकर जी के ठहरने और भोजन की व्यवस्था सबसे पहले। वे आजकल अस्वस्थ रहते हैं। पिछली बार काशी में किसी सभा में सम्मिलित होने गये और वहाँ पहुँचकर रक्तचाप इतना बढ़ा कि डॉक्टर ने 'न बोलने' की सलाह दे दी।...उनके भोजन के मुख्य पदार्थ : छेना, मछली, मुर्गी...??

(2) समारोह के प्रोग्राम नपे-तुले और उपयुक्त हों। अनावश्यक 'झाँई झम्मन' न हो।

(3) 'नागरिक अभिनन्दन' के शाब्दिक-दायरे को अतिक्रम किये बिना—उस समारोह में ग्रामीणों को भी सम्मिलित होने की

सूचनायें दी जा सकती हैं।

(4) मेरे स्थानीय मित्रों के अलावा जिले भर के प्रमुख साथियों को निमंत्रित किया जाय—मैं कल तक ऐसे व्यक्तियों के नाम लिखकर भेज दूँगा।

(5) दिनकर जी आजकल किसी मजलिस में कविता-पाठ नहीं करते। किन्तु, माहौल मौजूँ हुआ तो स्वयं कविता सुनाने लगते हैं और तब बड़ा आनन्द आता है।...आशा है, हम ऐसे वातावरण की सृष्टि करेंगे, जिससे स्वत:स्फूर्त होकर कवि के अंतस्तल से कविता निकल पड़ेगी।

(6) अररिया, पूर्णिया तथा कटिहार तक के बुद्धिजीवियों को दिनकर के आने की सूचना मिल जानी चाहिए।

मैंने दिनकर जी को अब तक कोई पत्र नहीं दिया है। कल उन्हें भी लिखूँगा और आपको भी। सरयुग बाबू आनेवाले थे पटना—क्या हुआ? नमस्कार ग्रहण करें।

...आशा है आप सपरिवार स्वस्थ एवं प्रसन्न हैं।

भाई ही

रेणु

पुन:—'बेखबर' की अलग से खबर दे रहा हूँ।

रेणु

राजेन्द्र नगर
पटना-16

'खबर पर खबर, हर खबर बेखबर की,
मगर फिर खबर आ गई बेखबर की—
कि अबकी खबर सब खबर से है ऊपर
कि पहली खबर बस खबर की खबर थी।'...

भाई,

3 अगस्त, 1970 वाला प्रोग्राम—किसी कारणवश 'संभव' न हो सके तो [मैं भगवान को लाख-लाख धन्यवाद दूँगा] अच्छा हो कि इसे 'ड्रॉप' कर दिया जाय।

आशा है, आप स्वस्थ तथा प्रसन्न हैं।

नमस्कार ग्रहण करें।

आपका—भाई ही—
रेणु
23/7/70

श्री बृजमोहन बाँयवाला
जगदीश मिल्स लि.
फारबिसगंज
पूर्णियाँ

पटना
29/7/70

प्रिय भाई,

'कार्यक्रम स्थगन' वाला तार मिला और सचमुच भगवान को धन्यवाद दिया कि उन्होंने मेरी बात सुन ली। आपको भी धन्यवाद, अत:।

मैं अगस्त के प्रथम सप्ताह में गाँव में रहूँगा।

फारबिसगंज आकर आपसे मिलूँगा।

स्वस्थ हूँ, प्रसन्न हूँ। आशा है, आप सपरिवार सानन्द हैं।

नमस्कार ग्रहण करें।

भाई ही
रेणु

श्री बृजमोहन बाँयवाला
जगदीश मिल्स लि.
फारबिसगंज
पूर्णियाँ

रेणु ने यह पत्र अपने बड़े पुत्र पद्मपराग राय 'वेणु' को लिखा था। इसमें दिनांक दर्ज नहीं है। लेकिन इसमें फारबिसगंज में 3 अगस्त को होने वाले रेणु के अभिनन्दन-समारोह का उल्लेख है। 23/7/70 को बिरजू बाबू को लिखे पत्र में रेणु ने इस अभिनन्दन-समारोह को 'ड्रॉप' करने की इच्छा जताई। 29/7/70 के रेणु के पत्र से स्पष्ट है कि अभिनन्दन समारोह स्थगित हो गया। अत: तय है कि यह पत्र 23/7/70 के पहले ही लिखा गया होगा।

2/30 राजेन्द्र नगर
पटना-16

चि. वेणु,

शुभाशीष।

आशा है, भगवान की कृपा से तुम लोग स्वस्थ तथा प्रसन्न होगे [विद्याध्यन करते होगे या नहीं—यह भगवान जानें।]

फारबिसगंज में 3 अगस्त को 'अभिनंदन' का दिन निश्चित है। हम लोगों को टैक्सी से ही वहाँ ले चलने की व्यवस्था है। 2 अगस्त को शाम में हम फारबिसगंज पहुँच जायेंगे। 3 अगस्त को तीसरे पहर से कार्यक्रम है जो रात 9 बजे तक चलेगा। इसलिए, 4 अगस्त को शाम तक हम घर पहुँचेंगे। मेरे साथ—भारत के राष्ट्रकवि 'दिनकर'

जी भी रहेंगे। [तुमको तो अगर कोई फुटबॉल का मैच होता और कोई बड़ा प्लेयर आता तभी दिलचस्पी हो सकती है। लेकिन, बिना पढ़े-लिखे तुम यह भी नहीं जान सकोगे कि कौन खिलाड़ी भारत का सर्वश्रेष्ठ खिलाड़ी है!]...3/तारीख को शंभू तथा मोहन जी फारबिसगंज आयेंगे—उनके साथ तुम भी आना।

तुमने मोहन जी के मार्फत खबर भेजी थी—गंजी के लिए। किन्तु, इस बार घर आकर पढ़ने-लिखने की जाँच करने के बाद ही अब तुमको कुछ दिया जायगा।

आशा है, खेती का काम चल रहा होगा। नहर में पानी दिया गया है या नहीं।

पप्पू, अप्पू, वहीदा, अन्ना, दीना तथा नीता को प्यार।

दिलीप को शुभाशीष।

तुम्हारा
पिता

वेणु को लिखे गए पत्र में ही रेणु ने अपने भतीजे कमलनाथ के नाम यह पत्र लिखा था। कमलनाथ (अब दिवंगत) रेणु के मझले भाई हरिहरनाथ मंडल के पुत्र थे।

चिरंजीव कमलनाथ

शुभाशीष!

वेणु के पत्र से यहाँ का सब समाचार जाहिर करना। 3 अगस्त को फारबिसगंज आ सको तो जरूर आना।

तुम्हारा
पिता
फारबिसगंज

1972

1972 में रेणु जी ने फारबिसगंज क्षेत्र से विधानसभा का चुनाव स्वतंत्र उम्मीदवार के रूप में लड़ा था; कांग्रेस से उनके मित्र सरयू मिश्र खड़े हुए थे तथा वे यह चुनाव जीते थे। सरयू मिश्र पहले दो चुनाव सोशलिस्ट पार्टी की तरफ से जीतकर एम.एल.ए बने। बाद में कांग्रेस में शामिल हो गए थे तथा बिहार सरकार के कांग्रेस मंत्रिमंडल में स्वास्थ्य मंत्री भी बने।

22/02/72

भाई, धन्यवाद!

मैं देहात की ओर जा रहा हूँ। रात को 9 बजे करीब लौटूँगा। जीपवाले से कह दिया है—वह 9 बजे तक की मुहलत मान गया है।

मेरी अनुपस्थिति में मेरा चचेरा भाई श्री नगेन्द्र आपके पास जायगा।

बस, फिर मिलने पर

भाई ही
रेणु
22/02/72

रेणु चुनाव-कार्यालय
फारबिसगंज
22/2/72

भाई,

मैं कल से ही जीपवालों के पीछे परीशान हूँ। कल पाँच सौ रुपये एडवांस माँगता था। मैंने जब पाँच सौ रुपये एडवांस देने की बात पक्की कर ली और गाड़ी लाने को कहा तो पता चला कि गाड़ी गैरेज में है। आज कहता है—पूरे एक हजार रुपये एडवांस लेंगे।

दूसरी गाड़ी शेवरलेट कार है जो साढ़े तीन सौ (70 रुपये प्रतिदिन) एडवांस माँगता है।

मेरे पास फिलहाल सिर्फ पाँच सौ रुपये हैं। गाड़ियों के बिना ही मेरी बनी-बनाई हवा बिगड़ रही है। आप विश्वास करें कि यदि मैं अपने क्षेत्र के हर पंचायत के मुख्य स्थान और गाँवों में पहुँच भर जाता हूँ तो मेरा काम पक्का है।

आप कृपया अभी एक हजार की व्यवस्था कर दें। जिससे मैं दोनों गाड़ियों को अपने कब्जे में ले सकूँ। मेरी सहायता के लिए पैसे एकमुश्त देर से आ रहे हैं। 27 के पहले तो एकमुश्त पैसे की उम्मीद नहीं है। पैसे आते ही यह रकम यहीं तुरत भिजवा दूँगा। बाद में आप जितनी और जैसी सहायता दें। अभी इतना कर दें।

भाई ही
रेणु

औराही-हिंगना
14/3/72

भाई बिरजू बाबू,

उत्तर से कोई खबर नहीं आई हो तो (यदि आप उचित समझें और आपको सुविधा हो) आखिरी बार हम कल चलने का प्रोग्राम बनावें?

कृपया पत्रवाहक के मार्फत संवाद देंगे। भीषण संकटग्रस्त हूँ।

शुभकामनाओं सहित,
भाई ही
रेणु

पुनः—कल मैं अपने विधायक महोदय से आपके समक्ष कुछ बातें करना चाहता हूँ। कृपया उन्हें सूचित कर देंगे।

रेणु

श्री बिरजू बाबू
जगदीश मिल्स लि.
फारबिसगंज

औराही-हिंगना
15.3.72

प्यारे बिरजू भाई जी,

नमस्कार।

मैं आज ही फारबिसगंज आनेवाला था। टॉन्सिल में दर्द के कारण नहीं आ सका।

आपको शुक्रवार 17.3.72 को दोपहर के बाद मेरे साथ कार में बिराटनगर जाना है—कृपया इसे आवश्यक समझकर मुझे सूचना दें कि आप 17/3 को मेरे साथ जा सकेंगे या नहीं। कब जा सकेंगे। आप अन्यथा न लें—मैं आपको अपने साथ बिराटनगर ले जाना आवश्यक समझता हूँ।

पत्रवाहक के हाथ पत्रोत्तर दें अथवा मौखिक संवाद दें।

नमस्कार।

भाई ही
रेणु

औराही-हिंगना
17.3.72

भाई बिरजू बाबू,

सुबह से ही पुराना दुश्मन 'माइग्रेन' (आधाशीशी) सिर पर आकर सवार हो गया है। आपने कृपापूर्वक आज का दिन मुझे दिया था। निवेदन है—कल का दिन अपना मेरे लिए सुरक्षित रख दें। मैं कल पहली गाड़ी से ही आ जाऊँगा।

जुगनू की कोई चिट्ठी आपके नाम आई है क्या?

भीषण वेदना भोग रहा हूँ—इसको मैं शुभ लक्षण भी मानता हूँ। यानी यह लेखक (मेरे) के 'कनसीव' करने के प्रमाण है।...अपने चुनाव-संस्मरण का शीर्षक 'कागज की नाव मेरी' सोचा है। 'कागज की किश्ती' भी है नामों के पैनल में। देखिये, अन्ततः कौन सा रह जाता है।

यह बात आपके और मेरे बीच ही है।

नमस्कार ग्रहण करें।

भाई ही
रेणु

पुनश्च—इस चुनाव अभियान के सिलसिले में मुझे एक दर्जन से अधिक 'क्रैक' मिले। एक मटियारी के मास्टर ही नहीं—अनेक ऐसे पात्र हैं जिनको मैं 'टेप' कर लेना चाहता हूँ।

रेणु

औराही-हिंगना
4/5/72

प्रिय भाई बिरजू बाबू,

मेरे घुटनों का दर्द आज भी बरकरार है। इसलिए आने में असमर्थ हूँ। कल निश्चय ही आऊँगा। अगर दर्द भी रहेगा—फिर भी आना है।

आप मेरी अनुपस्थिति में जो कुछ भी कर सकें—करेंगे।

नमस्कार ग्रहण करें।

भाई ही
रेणु

पुनः—मुझे ढूँढ़ने के लिए जगदीश मिल्स में कई लोग आयेंगे। आप उचित समाचार बता देंगे।

सेवा में
श्री बृजमोहन बाँयवाला
जगदीश राइस मिल्स लि.
फारबिसगंज

प्रिय भाई,

पटना से कोई आये हैं? अथवा कोई पटना गया है? बहुत चिंतित हूँ। Tele-लाइन्स चालू हुए हैं या नहीं? अगर पटना से बातचीत का संयोग लगे तो लतिका जी को यह संवाद दें कि स्टेट बस चालू होते ही मैं पटना चल पड़ूँगा।

विशेष मिलने पर।

भाई ही
रेणु

पुनः—कलकत्ते से आनेवाले दैनिक पत्र T.O.I., States, Stand, Patrika 19/20/21/22 वगैरह के भेज दें।

नाव—चुनाव—नाव—नाव !!

रेणुजी आ रहे हैं
आपके गांव में !!

ता० ··· ··· ···ग्राम··· ··· ···स्थान········ ···समय·····

भाइयों,

अनेक बाधा-विपत्तियों को झेलते हुए—विरोधियों द्वारा राह में बिछाये गये रोड़ों को समतल करते हुए विरोधियों के फैलाये भ्रमजाल और झूठे प्रचार के कुहासे को दूर करते हुए—रेणुजी अपने संग्रामी साथियों के साथ आपके गाँव में पहुंच रहे हैं।

आप उनकी सभा में पहुंच कर—उनका भाषण सुनें और उनका साथ दें—यही निवेदन है।

निवेदक —
प्रचार अधिकारी
रेणु-चुनाव-अभियान

आदर्श प्रिंटिंग प्रेस फारबिसगंज-'७२

रेणु जी के चुनाव-अभियान की पर्ची

चुनाव समाप्त के बाद धन्यवाद ज्ञापन की पर्ची

धन्यवाद स्वीकार करें!

भाइयो और बहनो,

चुनाव-समर समाप्त हुआ। अब परिणाम जो भी निकले—वह अपनी जगह पर। इसके पहले ही आपको हार्दिक धन्यवाद दे देना अपना कर्तव्य समझता हूँ।

जिन्होंने तन-मन-जन-धन से इस अभियान में मेरा साथ दिया, उन्हें धन्यवाद। और, जिन्होंने परिस्थितिवश मेरे विरोध में काम किया—उन्हें भी धन्यवाद! उन तमाम लोगों के प्रति, महाकवि तुलसीदास की इन पंक्तियों के द्वारा अपने हृदय के भाव प्रस्तुत करता हूँ—

'जीवन जन्म सुफल मम भयऊ।
तव प्रसाद संसय सब गयऊ॥'

(रामचरितमानस, उत्तर काण्ड)

नतीजा जो भी निकले—मैं आपकी सेवा से विमुख नहीं होनेवाला हूँ। अपने क्षेत्र के प्रमुख स्थानों और गाँवों में मैं अब घूमता रहूँगा। आपके गाँव में आने के पहले ही आप लोगों को सूचित कर दिया करूँगा और आपके दुख-सुख में साझेदार होऊँगा। आपकी समस्याओं को समझने और उनके निराकरण की चेष्टा करूँगा। अपनी वाणी, लेखनी तथा अन्य उपकरणों (यथा : कैमरा, टेपरेकार्डर, प्रोजेक्टर आदि) के माध्यम से आप की बात

को सरकार तथा देश के लोगों के सामने रखूँगा। किसी राजनीतिक पार्टी में गये बगैर भी आदमी अपने क्षेत्र की जनता की सेवा कर सकता है—यह विश्वास मेरा और भी दृढ़ हो गया है। आपका सहयोग चाहिए—मेरा यह प्रयोग निश्चय सफल होगा।...नमस्कार!

भाई ही—

फणीश्वरनाथ 'रेणु'

1973

यह पत्र पटना से प्रकाशित होने वाली 'ज्योत्स्ना' पत्रिका के लेटर हैड पर लिखा गया है जिसके सम्पादक तब शिवेन्द्र नारायण थे। 'ज्योत्स्ना' के स्वातंत्र्योत्तर हिन्दी साहित्य विशेषांक के लिए जो सम्पादक मंडल बना था उसमें रामधारी सिंह 'दिनकर', डॉ. कुमार विमल, डॉ. वचनदेव कुमार, डॉ. शैलेन्द्रनाथ के साथ रेणु जी भी थे।

औराही-हिंगना

24.1.73

भाई बिरजू बाबू,

मैं 27/1 को पटना वापस जा रहा हूँ। 26/1 को सारा दिन आपके साथ फारबिसगंज में रहूँगा। यदि आप जगदीश भैया को पटना फोन करें तो मेरे मित्रों से मेरे 28/1 को पटना पहुँचने का संवाद दे देने को कहें—कृपया।

पत्रवाहक पद्मपराग (बेणु) को आपकी सेवा में ढाई सौ रुपये के लिए भेज रहा हूँ। आपके नाम एक चेक दिया है [DD/5 756785 State Bank of India—Judges Court Road Branch Patna] कृपया इसे रखकर—बेणु को ढाई सौ रुपये दे दें। वरना मैं संकट में पड़ जाऊँगा। विश्वास करें—मेरे खाते में चेक के भुगतान के योग्य पैसे जमा हैं।

आप 26/1 को फारबिसगंज में रहेंगे या नहीं? पत्रोत्तर देंगे। नमस्कार ग्रहण करें।

भाई ही

रेणु

औराही-हिंगना
23.7.73

भाई बिरजू बाबू,

मैं 23 तारीख तक पटना वापस जानेवाला था। इस आशय का एक पत्र मैंने लतिका जी को दिया था। लेकिन, अब ऐसा लगता है कि 1 अगस्त के पहले किसी भी हालत में नहीं जा सकूँगा। अत: आप जुगनू को किसी तरह सूचित कर दें। यदि जुगनू जी न मिलें तो श्री जितेन्द्र जी को संवाद दे दें।

मेरे पास सुनाने के लिए अभी दुख की एक लम्बी कहानी के सिवा कुछ भी नहीं। रोज-रोज तिल-तिल कर भोग रहा हूँ।...दो-दो विधवा-मुसम्मातों की सम्पत्ति को लूटने के लिए तीन-तीन जमाताओं की गुटबंदी—खड़ी फसल जब्ती के लिए कानूनी कार्रवाई के साथ गैरकानूनी तरीके और रोज चौबीसों घंटे रोने-पीटने का अटूट सिलसिला। जिस बेटे ने दिन-रात मेहनत करके पाट और भदई धान लगाया था, वह तो चला गया। लेकिन, लगता है फसल भरे खेतों के बीच कहीं वह स्वयं उपस्थित है। ...मजदूर तक फसल काटते समय रोता रहता है। और अपने जीवन में मैं पहली बार देख रहा हूँ कि खलिहान पर फसल कटकर आने का दिन रोने-धोने का दिन होता है। ...ऐसा लगता है, कमल की माँ अब सदा के लिए पागल हो जायेगी। नींद एकदम नहीं आती है और रोने के साथ अब अट्टहास-हँसी शुरू हुई है।...मैं कल फारबिसगंज आ रहा हूँ—डॉक्टरों की जैसी सलाह होगी—किया जाएगा।

और, गाँव-घर, खेत-खलिहान अभी बेपानी हो रहा है। मडुआ का

आटा एक रुपया सात आना किलो, तीस रुपये मन पाट—खेत में पानी नहीं। नहरी इलाका होने के बावजूद—हम सभी इन्द्र महाराज के आसरे बैठे हैं। पता नहीं क्या होगा?

अभी-अभी देव जी का पत्र मिला है कि बाबा आये हुए हैं। वे कहाँ ठहरे हुए हैं? निश्चय ही मिल में हैं। मैं कल बरौनी-जोगबनी से आ रहा हूँ।

आप कैसे हैं?

नागा बाबा को प्रणाम।

भाई ही
रेणु

23/7/73

औराही-हिंगना
26/7/73

भाई बिरजू बाबू,

बाबा के पत्र से सारी बातें जान लें और यक मेरी ओर से ताकीद जानें कि बाबा औराही-हिंगना आये बगैर पटना न लौट पायें।

विशेष क्या लिखूँ। आप रविवार को औराही आ रहे हैं—सब काम छोड़कर।

भाई ही
रेणु

औराही-हिंगना
23/8/73

भाई बिरजू बाबू,

कुशलपूर्वक हूँ।

नगेन्द्र को भेज रहा हूँ।

देवजी, बिराटनगर वालों के आने का कार्यक्रम आज शाम तक ले आवेंगे—ऐसा उन्होंने कहा था। कृपया आप स्वयं देवजी से बातें करके कल के कार्यक्रम का निर्देश मुझे देंगे। आप भी आयेंगे।

विशेष मिलने पर।

कल पहली गाड़ी से फिर कोई फारबिसगंज पहुँच जायगा।

भाई ही
रेणु

श्री बृजमोहन बाँयवाला
फारबिसगंज

औराही-हिंगना
24.11.73

भाई बिरजू बाबू,

नवान्न का दही-चूड़ा आपका हिस्सा जा रहा है। इसे स्वीकार करें।

यहाँ का सब समाचार अब ठीक है।

मैं 'माधुरी' के लिए 'शैलेन्द्र स्मृति' लिखने में आज से लग गया हूँ। अत: सोमवार या मंगलवार के पहले फारबिसगंज नहीं आ सकूँगा।

नमस्कार ग्रहण करें।

भाई ही
रेणु

सेवा में :
श्री बृजमोहन बाँयवाला
जगदीश मिल्स लि.
फारबिसगंज

1974

औराही-हिंगना

8.1.74

भाई बिरजू बाबू,

मेरा अम्लशूल और सिरदर्द कम नहीं हुआ है। एक-दो रोज और दुख देगा, ऐसा लगता है।

शम्भू को भेज रहा हूँ।

घर आकर कल श्री मौन का कार्ड मिला, जो भेज रहा हूँ।

आप श्री नन्दलाल बाबू से जो बातें करेंगे—शम्भू के द्वारा प्रेषित करेंगे।

मेरी ओर से विलम्ब का कारण तो आप जानते ही हैं। धान-कटाई और गेहूँ बोआई से लेकर मामले-मुकदमे आदि के अलावा और कई झंझट थे। 7 फरवरी (पूर्णिमा) का दिन निश्चित हमने किया है। यह हर तरह से शुभ है।

मौन जी को आज पत्र दे रहा हूँ।

शेष कुशल

भाई ही

रेणु

पुन:—मैं संभवत: 14/1 को महनार जाऊँगा।

सेवा में,

श्री बृजमोहन बाँयवाला

जगदीश मिल्स लि.

फारबिसगंज

औराही-हिंगना
12.1.74

भाई बिरजू बाबू,

सादर नमस्कार।

नहीं, मैं आज भी फारबिसगंज नहीं आ सका। क्योंकि कल हर हालत में मुझे महनार रोड के लिए प्रस्थान करना है। आप तो जानते ही हैं कि मेरे पेट के रोग में मानसिक तनाव से और बढ़ोतरी होती है।

इस बीच आपकी किससे क्या बातचीत हुई। आनेवाले आये या नहीं अथवा अन्य कोई प्रतिक्रिया—सारी बातें आप मुझे लिखकर भेज दें—तो बड़ी कृपा होगी।

श्री ठाकुर जी के प्रस्ताव और मेरी सहमति की बात?...भाई बिरजू बाबू, अतिरिक्त उत्साह में आकर संपादक बनने की स्वीकृति दे भी दूँ तो क्या? मैं अभी जिस अवस्था में हूँ—मुझे सबसे पहले अपने इलाज का सिलसिला शुरू करना चाहिए। किन्तु, पारिवारिक दायित्व जो तत्काल सामने है—इसी के कारण मैं Institute* नहीं जा पा रहा हूँ। ऐसे में जिम्मेदारी लेकर व्यर्थ दूसरों को क्यों परीशान करूँ? इसके अलावा—यानी स्वास्थ्य लाभ के बाद भी अपने लेखन के जो अधूरे काम पड़े हैं—जो कमिटमेंट्स हैं—उन्हें पूरा करने का सवाल है। साप्ताहिक पत्र के संपादन का दायित्व कितना है—यह सब समझते हुए—(मुझे दुख है कि)

---

* ऑल इंडिया मेडिकल इंस्टीट्यूट की ओर है।

मैं कह रहा हूँ कि श्री ठाकुर जी अन्यथा न लें—मुझसे इस अवस्था में यह दायित्व पालन नहीं हो सकेगा।

श्री देव कल मेरे साथ जायेंगे या नहीं? क्या आप आज टेलिफोन पर बातें करके (अभी लाइन मिल जाय सौभाग्य से!) श्रीमान को मेरे कल रात में दस बजे महनार रोड पहुँचने की सूचना दे सकेंगे!

...बिरजू बाबू, मुझे आपका तथा अपने अन्य मित्रों का ही संबल और सहारा है—इसी विश्वास को लेकर जीता आया हूँ—जी रहा हूँ।

विशेष फिर।

भाई ही
रेणु

पुनः—मैंने 12 तारीख वाला काम तार के द्वारा करवा दिया है। हाईकोर्ट का एक केस है।

औराही-हिंगना

27.1.74

आदरणीय भाई,

पिछले साल 26 जनवरी आपके साथ बिताया था। इस बार भी चाहता था कि वैसा ही वह दिन बीते। किन्तु, पेट के रोग का दौरा और मानसिक कष्ट आदि के कारण इस बार नहीं आ सका। कल सारा दिन तो कष्ट था ही—रात से और भी काबू कर लिया है। पेट बेहद चलने लगा है। आज तीन दिन से हो गये—अन्न नहीं लिया है। फल तो खाता ही नहीं हूँ—दूध भी कल से नहीं लिया जाता है—मिचली आती है, कै हो जाती है।

दवा लाने के लिए वेणु को भेज रहा हूँ। कल किसी भी हालत में—यानी अगर हालत बिगड़ी तब भी अथवा सुधरी तब भी—आ रहा हूँ—बरौनी वाली गाड़ी से। 26 जनवरी नहीं तो सरस्वती पूजा के दिन हम सब साथ रहें—चाहे जैसे भी रहें! ठीक है न!

आप आज फोन पर जुगनू अथवा जितेन्द्र जी को पकड़ सकें तो 29 तारीख को होनेवाली राष्ट्रभाषा परिषद में मेरे नहीं शरीक होने की सूचना दे देंगे। यों मैंने टेलिग्राम लगा दिया है। अगला कार्यक्रम अर्थात् पटना लौटने की तारीख आपसे मिलकर तय करूँगा।

पप्पू अब ठीक है। आपसे मिलने के लिए आना चाहता है।

विशेष साक्षात्कार होने पर।

भाई ही
रेणु

सेवा में,

श्री बृजमोहन बाँयवाला
जगदीश मिल्स लि.
फारबिसगंज

औराही-हिंगना
19.2.1974
(मंगलवार)

भाई बिरजू बाबू,

कल आपका कोई पत्र नहीं मिला। मैं आज भी आ सकने की स्थिति में नहीं हूँ। वेणु [पद्मपराग] जा रहा है पत्र लेकर। श्री नन्दलाल जी ने अगर कोई संवाद भेजा हो तो मुझे लिखें। और यदि नहीं भेजा हो तब भी लिखें कि मुझे अब क्या करना उचित है।

विशेष साक्षात्कार होने पर।

नमस्कार स्वीकार करें।

आप कैसे हैं?

भाई ही
रेणु

पुनः—अज्ञेय जी का एक पत्र पटने के पते पर आया हुआ था। आपको भेज रहा हूँ। ऐसे सभी पत्र मैं आपके जिम्मे लगा दूँगा—सुरक्षित रहेगा।

अज्ञेय के एक दर्जन से अधिक पत्र होंगे। अन्य साहित्यकारों के (पंत, महादेवी, बच्चन, भारतभूषण, सर्वेश्वर, रघुवीर, भारती, साही आदि के) भी पत्र हैं। बहुत से खो भी गए हैं। प्रतीक की वी.पी. आई??

रेणु

श्री बृजमोहन बाँयवाला,
जगदीश मिल्स लि.
फारबिसगंज

औराही-हिंगना
2/3/74

भाई बिरजू बाबू,

घाव, ज्वर और माइग्रेन के कारण आज नहीं आ सका। कल निश्चय ही, हर हालत में आऊँगा।

मैगजीन, पत्र-पत्रिकायें और क्या-क्या ले आये हैं पटने से?

भाई ही
रेणु

सेवा में,
श्री बृजमोहन बाँयवाला
जगदीश मिल्स लि.
फारबिसगंज

औराही-हिंगना

16.3.74

प्रिय भाई,

मैं कल शाम जोगबनी-बरौनी वाली गाड़ी से पटना वापस जा रहा हूँ। आज, चाहकर भी फारबिसगंज नहीं आ सका। जाने के पहले, संसार प्रपंच की छोटी-मोटी समस्याओं को सुलझाने में दो दिन लग ही जायेंगे।

साढ़े चार महीने घर में रहा। साढ़े चार महीने आप से करीब हर सप्ताह सत्संग का सुख प्राप्त किया। खूब खाया-पीया। इस वर्ष का यह 'चातुर्मास' सदा याद रहेगा।

लेकिन, वापस होने के क्षणों में ऐसा लग रहा है कि चार मास पूर्व मन में जो हुलास था, जो उम्मीदें थीं, जो अपेक्षायें थीं—वे नहीं हैं। लगता है—अचानक बूढ़ा हो गया हूँ। थकावट और परीशानी ही नहीं—अवसाद भी है।

श्री मंडल जी ने हमें जिस तरह 'अधर' में लटका रखा—यह भी कुछ अद्भुत अनुभव हुआ है। ...अब क्या करूँ? आपने जो भी मेरे लिए किया है और जो भी कर रहे हैं—बस जीने के लिए यही बहुत है।

वेणु की माँ थोड़ा सत्तू भेज रही हैं आपके लिए। मैं इसे दूध-चीनी में घोलकर लेता हूँ। आप सिर्फ दूध में ले सकते हैं। मैं सुबह-दोपहर-शाम-रात—जब जी में आता है, ले लेता हूँ। आप सुबह नाश्ते के समय ले सकते हैं।

पत्र देंगे। और, अगर पटना आने का थोड़ा-सा भी कोई बहाना मिले तो समझेंगे कि मैं आपको बहुत बुरी तरह से याद कर रहा हूँ।

नमस्कार ग्रहण करें।

काकू को Love —

भाई ही
रेणु

सेवा में,

श्री बृजमोहन, बाँयवाला

जगदीश मिल्स

यह पत्र भी 'ज्योत्स्ना' पत्रिका के लेटरहैड पर लिखा गया है।

पटना

3.4.74

प्रिय भाई,

सकुशल हूँ। आप कैसे हैं?

आप ही के भरोसे इस बार सब कुछ छोड़ आया हूँ। मैं 14 अप्रैल के पहले ही एक-दो दिनों के लिए आऊँगा। आप इस बीच पटना आ सकेंगे क्या? आवें तो साथ ही चलूँ।

नमस्कार ग्रहण करें।

भाई ही

रेणु

औराही-हिंगना
23/4

आदरणीय भाई बृजमोहन जी,

मैं उस दिन पाँच बजे तक बाजार में व्यस्त रहा। इसलिए शाम की चाय पर नहीं आ सका।

मैं कल पहली गाड़ी से फारबिसगंज आ रहा हूँ। वहाँ से यदि अररिया जाना पड़ा तो आपको साथ देना होगा।

मैंने उस दिन भी निवेदन किया था आज भी कर रहा हूँ—

तिरपाल चाहिए।

विशेष भेंट होने पर।

भाई ही
आपका
रेणु

औराही-हिंगना
25/4

भाई बिरजू बाबू,

मैं आज नहीं आ सका—दाँत में बहुत दर्द है। बुखार भी है। आप कृपा कर सरयुग को Telephone करके कह दें कि वह आज 'जलतरोई' न निकलवावे। मैं कल पहली गाड़ी से आ रहा हूँ। कल अवश्य ही आ जाऊँगा।

नमस्कार—

भाई ही
रेणु

श्री बृजमोहन बाँयवाला
फारबिसगंज

भाई बिरजू बाबू,

मैं कल दस बजे की गाड़ी से फारबिसगंज आऊँगा और कल ही शाम की गाड़ी से पटना के लिए प्रस्थान करूँगा।

विशेष भेंट होने पर

भाई ही
रेणु
2.6.74

यह पत्र भी 'ज्योत्स्ना' पत्रिका के लेटरहैड पर लिखा गया है। इसमें 'ज्योत्स्ना' का पता काटकर रेणु ने अपना पता हाथ से लिखा है।

2/30, राजेन्द्र नगर,
पटना-16
4.7.74

भाई,

कुशल है यहाँ। वहाँ भी कुशल होगा—यही आशा है। लेकिन कुशल है कहाँ?

यहाँ की सारी बातें और अपने दिल-दिमाग पर जो गुजर रही है—उन्हें पत्र में लिखकर बता नहीं सकता। ...बस, यही समझ लीजिये कि असाध्य-साधना कर रहा हूँ। नहीं तो और क्या? गृहस्थी की तात्कालिक जिम्मेदारियाँ, सामाजिक उत्तरदायित्व, लेखकीय कर्तव्य और शारीरिक स्वास्थ्य—इन सभी को एक साथ निभाने के क्रम में...ज्यादा 'ट्रेंक्विलाइजर' लेना पड़ता है।

विधान सभा के सामने सत्याग्रह नहीं कर पाने की अपनी असमर्थता पर—दीवार से सिर टकराकर तोड़ लेने को जी करता है।

जुगनू न जाने कहाँ है—दिल्ली या बम्बई। नागार्जुन जी का पता नहीं। रामवचन जी गुजरात हो आये—एक Conf. में गये थे।

और मैं 7 जुलाई, रविवार को गाँव पहुँच रहा हूँ। दूसरे ही दिन फारबिसगंज आकर सारी व्यथा-कथा सुनाऊँगा।...आप कैसे हैं? माँ?? नमस्कार ग्रहण करें।

भाई ही
रेणु

ज्योत्स्ना
रजत-जयन्ती वर्ष, १९७३

सम्पादक
शिवेन्द्र नारायण

~~फोन : ......~~
~~बन्धु कुटी~~
२/३० ~~......~~, राजेन्द्रनगर,
पटना-१६

४.७.७४.

भाई,

कुशल है यहाँ। वहाँ भी कुशल होगा – यही आशा है। लेकिन, कुशल है कहाँ?

यहाँ की सारी बातें और अपने दिल-दिमाग पर जो गुजर रही है – उन्हें पत्र में लिख कर बता नहीं सकता।... बस, यही समझ लीजिये कि असाध्य-साधना कर रहा हूँ। नहीं तो और क्या? गृहस्थी की तात्कालिक जिम्मेदारियाँ, सामाजिक उत्तरदायित्व, लेखकीय कर्तव्य और शारीरिक स्वास्थ्य – इन सभी को एक साथ निभाने के क्रम में..... ज्यादा 'ट्रैंक्विलाइज़र' लेना पड़ता है।

विधान सभा के सामने सत्याग्रह नहीं कर पाने की अपनी असमर्थता पर – दीवार से सिर टकरा कर ~~......~~ तोड़ लेने को जी करता है।

गुगनू न जाने कहाँ है – दिल्ली या बम्बई; नागार्जुन जी का पता नहीं। रामवचन जी गुजरात के आर्य-एक Conf. में गये थे।

और मैं 7 जुलाई, रविवार को गाँव पहुँच रहा हूँ। दूसरे ही दिन [illegible] आकर सारी व्यथा-कथा सुनाऊँगा।... आप कैसे हैं? माँ?? नमस्कार ग्रहण करें।

भाई है
रेणु

स्वातंत्र्योत्तर हिन्दी साहित्य विशेषांक

यह पत्र 134-बी, श्रीकृष्णपुरी पटना-13 से प्रकाशित होने वाली पत्रिका 'ऋक्' के लेटरहैड पर लिखा गया है। 'ऋक्' के सम्पादक मंडल में जितेन्द्र सिंह, कुमार विमल और घनश्याम पंकज के साथ रेणु जी भी शामिल थे।

भाई बिरजू बाबू...,

मैं कल निश्चय ही आ रहा हूँ।...नमस्कार।

रेणु

8.7.74

पुनः—दीघा के मात्र दस मालदह हैं...

फोन २२२६८
१३४ बी०, श्रीकृष्णपुरी
पटना-१३.

भाई विश्वबन्धु,...

मैं कल निश्चय ही आ रहा हूँ।... नमस्कार।

रेणु

८.७.७८

पुनः दीदार के हम मुश्ताक हैं..।

संपादक-मंडल

फणीश्वरनाथ रेणु : जितेन्द्र सिंह : कुमार विमल : घनश्याम पंकज

समकालीन रचना संकलन

यह पत्र 'ऋक्' पत्रिका के लेटरहैड पर लिखा गया है, जिसके सम्पादक मंडल में जितेन्द्र सिंह, कुमार विमल, घनश्याम पंकज और रेणु जी थे।

औराही-हिंगना
8.7.74

प्रिय भाई,

मैं आज रात 10 बजे वाली गाड़ी से आ रहा हूँ।

मेरा पेप्टिक का दर्द कई दिनों से उभरा है। आज थोड़ा ठीक हूँ। रात निश्चय ही आ रहा हूँ।

भाई ही
रेणु

यह पत्र भी 'ऋक्' पत्रिका के लेटरहैड पर लिखा गया है।

11.7.74

भाई बिरजू बाबू,

अंत्रशूल, शिरशूल और मन:शूल (?) की सम्मिलित चुभन को कई दिनों से झेलता रहा।

कल सुबह आ रहा हूँ यानी हम लोग आ रहे हैं—वेणु की माँ तथा परिवार के अन्य बीमार और आधे बीमार लोगों को डॉक्टर (ठाकुर) के पास ले जाना है।

बाबा आ गये हैं सुनकर फिर पिछले साल के इन्हीं दिनों और ऐसे ही दिनों की याद आ रही है।... जुगनू की कई चिट्ठियाँ बम्बई से आई हैं। वह भी (अगर वह जीवित है!) आज-कल-परसों तक फारबिसगंज पहुँच रहा है।

कल आ रहा हूँ। बातें होंगी।

बाबा को प्रणाम।

भाई ही
रेणु

सेवा में,

श्री बृजमोहन, बाँयवाला
जगदीश मिल्स लि.
फारबिसगंज

12.8.74

प्रिय भाई,

कृपया लतिका जी को एक टेलिग्राम कर दें कि मैं पूर्णिया जेल में अच्छी तरह हूँ—स्वस्थ और प्रसन्न हूँ।

पत्र दूँगा।

उनका पता—

Latika Renu
2/30, Rajendra Nagar
Patna–16

पुनश्चः— मुझे तीसरी श्रेणी में रखा गया है। मैंने उस श्रेणी के लिए प्रार्थना नहीं की है।

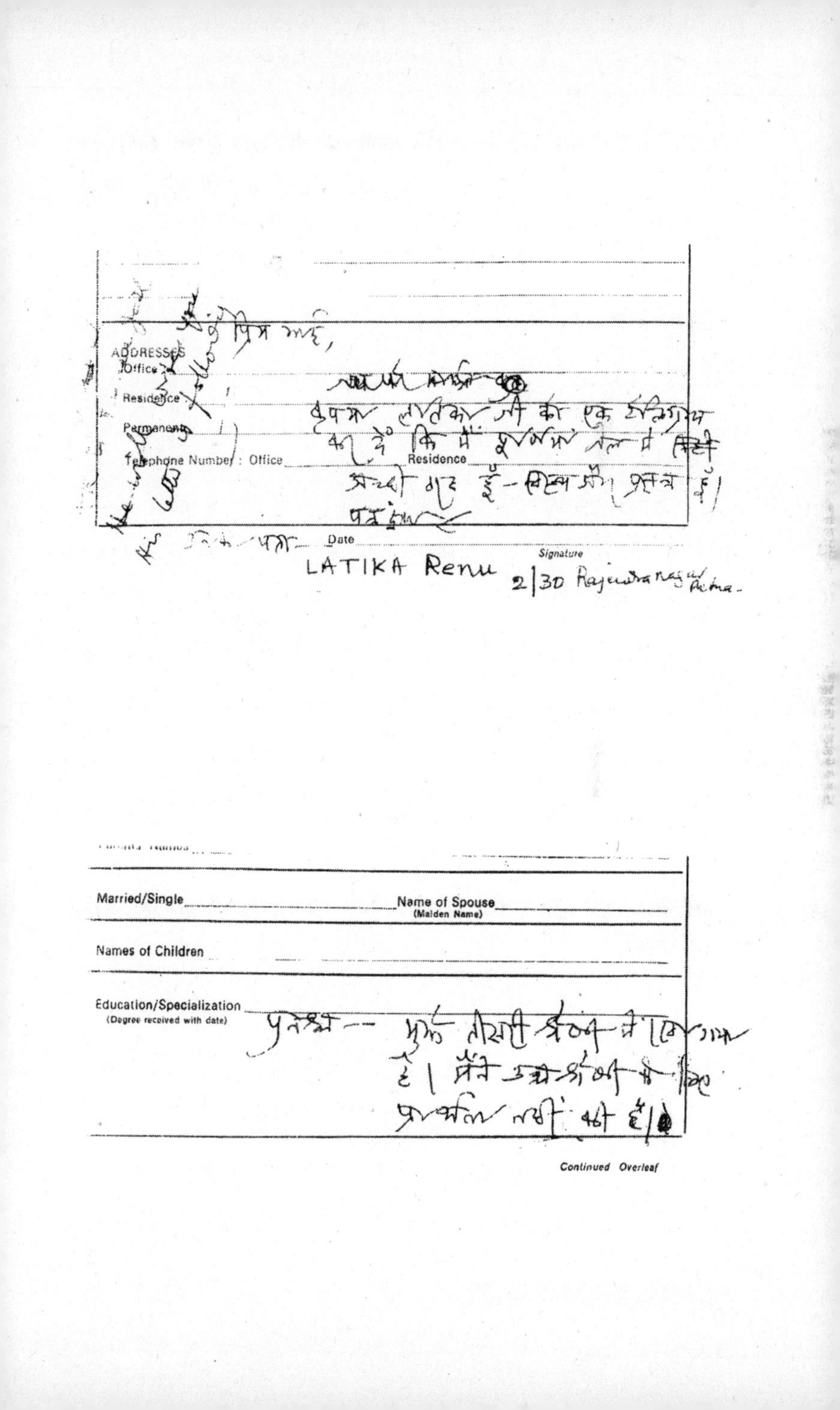

प्रिय भाई,

[illegible]

कृपया लतिका जी को एक [illegible] दें कि मैं [illegible] [illegible] [illegible] [illegible] हूँ — [illegible] प्रसन्न हूँ।

[illegible]

ADDRESSES

Office

Residence

Permanent

Telephone Number : Office ______ Residence ______

Date ______

Signature

LATIKA Renu

2/30 Rajendra nagar Patna.

Married/Single ______ Name of Spouse (Maiden Name) ______

Names of Children ______

Education/Specialization (Degree received with date)

प्रतिश्रुति — मुझे [illegible] [illegible] मैं [illegible] है। मैंने [illegible] [illegible] के लिए प्रकाशित नहीं की है।

Continued Overleaf

"8"

LATIKA RENU
2/30 RAJENDRANAGAR
PATNA

RENUJI IS O.K. IN PURNEA JAIL LETTER FOLLOWS

BRIJMOHAN

Brijmohan Bayanwala
Forbesganj Jagdish Mills Ltd.
P.O. Forbesganj (PURNEA)
12/8/74

12.8.74

Latika Renu
2/30 Rajendra Nagar
Patna

Renu Ji is O.K. In Purnea Jail Letters Follows
Brijmohan
Brijmohan Bayanwala
Forbeasganj Jagdish Mills Ltd.
P.O. Forbeasganj (Purnea)

भाई बिरजू बाबू,

क्या लिखूँ? क्या नहीं लिखूँ? स्वास्थ्य मेरा ठीक है। किन्तु, पारिवारिक चिन्ता और समस्याओं के कारण Calimpose अधिक खाना पड़ रहा है।

वेणु की माँ को 200/रु. की आवश्यकता है। पाट तैयार नहीं अभी। आप कृपया 200/रु. वेणु की माँ को भेज दें अथवा रजनी को दे दें तो बहुत उपकार हो। मेरा ख़याल है मैं 10-15 दिनों के अन्दर ही आप लोगों के बीच आ रहा हूँ। सब हिसाब ठीक कर लिया जाएगा। आप निश्चिन्त रहेंगे।

सुगन्धलोक अगरबत्ती तथा Times के कुछ अंक भेज देंगे।

वैद्यनाथ बाबू यहीं हैं और AIR ने एक जमानत पर रिहा होने का समाचार गलत प्रसारित कर दिया है। आवश्यक कार्यवाही कर रहे हैं।

प्रणाम स्वीकार करें।

भाई ही

रेणु

7.10.74

(गाँव से)
6 दिसम्बर, 74

भाई बिरजू बाबू,

घर आकर बस यही सोचता रहा कि जेपी को डाकबंगले की पोर्टिको में See Off करना अच्छा हुआ या बुरा? कटिहार जाने की तैयारी मैं करके आया था। नहीं गया अथवा नहीं जा सका सो अच्छा किया या बुरा? और अन्तत: इसी नतीजे पर पहुँचा कि जो हुआ या जो किया अच्छा ही किया। जेपी का एक पत्र लिखकर (लम्बा पत्र) सब कुछ के लिए माफी माँग लूँगा। किन्तु, वह पत्र एकदम व्यक्तिगत होगा अर्थात् भक्तिमूलक।

मेरी Wooly-Cot गंजी के बदले किसी और की गंजी आ गई है। वापस भेज रहा हूँ। मेरी वाली मिल जाए (अर्थात् बदल न गई हो—जुशा-दीपक जी की गंजी से)...तो भेजवा देंगे। कल यदि आ गया तो सब बातें होंगी।

आखिर, कल ट्रैक्टर लेकर नहीं आया। आज आ जाए सम्भवत:।

जुगनू जी आए हैं?

भाई ही
रेणु

7.12.74

भाई बिरजू बाबू

बीमार नहीं हूँ। काम कर रहा हूँ। गेहूँ और संकर मक्के के लिए खेत तैयार करवा रहा हूँ। अत: आज और कल आने में असमर्थ हूँ। आप तो काकू के वापस आ जाने के बाद ही कलकत्ता जाइएगा न? आपके हाथ अशोक जी के नाम—डाक भेजूँगा।

जुशा आ गए हैं? उनका क्या प्रोग्राम है?

भाई ही

रेणु

औराही हिंगना

29.12.74

भाई बिरजू बाबू,

मुझे कल ही यानी 28/12 को ही पटना के लिए प्रस्थान कर देना था। किन्तु, आज जा रहा हूँ और बिना आपसे मिले ही जा रहा हूँ। तुरत ही यानी 6.1.75 तक ही वापस आता हूँ अत: आज जा रहा हूँ।

अभी भाई सत्यनारायण लाल दास जी यहाँ आए। यद्यपि 'संघर्ष प्रशिक्षण शिविर' फारबिसगंज में करने का प्रस्ताव मेरा ही था और मैं इसमें शुरू से अन्त तक रहनेवाला था—अब पारिवारिक कार्य के कारण प्रारम्भिक दिनों में सम्मिलित नहीं हो सकूँगा। इस सिलसिले में हम लोग (छात्र स.स. के कई सदस्य : श्री सत्यनारायण लाल दास, रमाशंकर आदि) आपसे मिलनेवाले थे और जो कुछ भी गलतफहमियाँ फैली और फैलाई गई हैं—खुलकर उन पर बात करनेवाले थे। किन्तु, अब तो मेरे आने के बाद ही वह हो सकेगा।

फिलहाल, शिविर के लिए सहायता की आवश्यकता है और इसकी पूरी जिम्मेदारी आप पर है—ऐसा हम सोचते हैं। मेरा आप से नम्र निवेदन है कि आप सब कुछ उदारतापूर्वक भूलकर—अभी जहाँ तक हो सके शिविर में मदद दें और दिलावें। धर्मशाला तो आप देंगे ही इसके साथ ही देवानी कम्पनी के पीछे जो कमरे हैं—उनमें से एक कार्यकर्ता निवास के लिए दें तो बहुत उपकार हो।

इस सम्बन्ध में आप भाई सत्यनारायण लाल दास जी से विशेष रूप से बातें कर लें।

आशा है, आप स्वस्थ और प्रसन्न हैं।

भाई ही
रेणु

(व्यक्तिगत)

औराही हिंगना
30.12.74

भाई बिरजू बाबू,

कल मैंने फारबिसगंज आकर आपसे मिलने का कार्यक्रम रखा था। लेकिन, सुबह की गाड़ी से ही श्री सत्यनारायण लाल दास (छात्र!) जी मुझे लेने को आ गए। वे खासकर मुझे आपके पास ले चलने के लिए ही आए थे। अत: अपना कार्यक्रम स्थगित करने का बहाना निकालना पड़ा। लेकिन, उन्होंने आपके नाम एक पत्र मुझसे लिखवा लिया। आशा है आप उसे Lightly ही लेंगे।

आज जा रहा हूँ। 15 तारीख तक निश्चय ही लौटकर आ जाऊँगा। बहुत उम्मीद है कि मेरे सरकारी चेक्स (फ्रेश) बनकर आ गए होंगे और मैं आपके नाम ड्राफ्ट बनवा कर ला सकूँगा। घर का सब समाचार ठीक है। मेरे नाम कोई पत्र आया हो तो भेज देंगे।

शुभकामनाओं सहित—

भाई ही
रेणु

'ज्योत्स्ना' पत्रिका के लेटरहैड पर लिखे गए इस पत्र में कोई दिनांक दर्ज नहीं है।

भाई बिरजू बाबू,

अचानक बीमार हो गया। अतः नहीं आ सका।

जुगनू जी ने पीना एकदम छोड़ दिया है।

विशेष भेंट होने पर

भाई ही
रेणु

यह पत्र 'ऋक्' के लेटरहैड पर लिखा गया है। इस पर कोई दिनांक दर्ज नहीं है।

प्रिय भाई बिरजू बाबू,

मैं रात की गाड़ी से आ रहा हूँ। स्टेशन से सीधे आपके निवास-स्थान पर पहुँचूँगा। मैं भोजन करके आऊँगा, इसलिए आप मेरी प्रतीक्षा (भोजन के लिए) नहीं करेंगे।

मैंने परिवार के सभी सदस्य तथा वेणु की माँ से सहमति ले ली है। मैं अब बहुत हल्का महसूस कर रहा हूँ।

विशेष मिलने पर

क्रान्ति अमर हो!

भाई ही

रेणु

पत्र मिले,

श्री बृजमोहन बाँयवाला

फारबिसगंज, जगदीश मिल्स लि.

बृजमोहन जी को भेजा यह पत्र जुगनू शारदेय को सम्बोधित है। आखिर में रेणु जी ने विद्या बाबू को भी सम्बोधित किया है।

रविवार

जुशाजी,

दर्द-यानी उस दुश्मन का जिसका नाम भी सुबह-सुबह ले लेने पर वमन हो जाए—रात भर छटपटाता और कै करता रहा हूँ। calimpose नहीं है। आज दिन भर सोऊँगा। शाम को गरम पानी से स्पंज करके रात में गरम-गरम दूध खाकर सुबह स्वस्थ हो जाऊँगा। ढाई दिन ही रहेगा—आसार यही है। अगर आज दिन भर नहीं सोया तो यह पाँच दिन ले लेगा। दो Tabs calimpose का है। दोपहर तक रजनी लौट आए तो और भी एक-दो खा लूँगा। कल बरौनी-जोगबनी वाली में देरी होगी तो आपको FBganj Station के मार्फत जगदीश मिल्स में सूचना दूँगा अगर कोई सहायता कर सकें आप। ...जो हो रहा है ठीक ही हो रहा है।

मैं दाल-भात में मूसलचन्द भी नहीं होना चाहता और फारबिसगंज की नागरिकता से मुझे कोई वंचित भी नहीं कर सकता। फारबिसगंज की राजनीति में—जल बीच कमलवत रहता आया हूँ और रहता रहूँगा। अत: नए दोस्त-दुश्मन अब बनाना नामुमकिन है—मेरे लिए।

भाई बिरजू बाबू का हिस्सा नवान्न का दही-चूड़ा बाकी है। मालकिन शायद बुधवार को खुद लेकर आएँ। उससे एक दिन पहले मूली और केले भेज रही हैं। मुझे इस समय खाने-पीने की चीजों का नाम भी नहीं लेना चाहिए।

सब ठीक ही रहेगा—

रेणु

एक आवश्यक बात और।

मेरे मित्र श्री शरद देवड़ा 'अणिमा' के सम्पादक को मैंने एक पत्र दिया है—पैसे के लिए। कोई जवाब नहीं। मैंने आज एक Telegram भी लगाया है। क्या आप Telephone करके उन्हें यह सूचित कर देंगे कि रेणु जी को रुपयों की बहुत आवश्यकता है (देवड़ा का फोन नं. 34-3308)। और उन्होंने आपको पत्र दिया—तार दिया है—क्या रुपये भेजेंगे? पता माँगें तो—Aurahi Hingana, Via-FORBESGANJ दे देंगे।

बड़ी कृपा हो।

नमस्कार लें।

भाई ही
रेणु

इन्होंने स्वयं कहा था कि आप घर पहुँचेंगे और रुपया भी पहुँचेगा।

पता नहीं क्या हुआ।

पुनश्च :

विद्या बाबू,

छह मील सड़क की बढ़ोतरी की बात? आ गई न! अभी और आएगी।

रेणु

पत्र मिले :
श्री बृजमोहन बाँयवाला
फारबिसगंज

1975

औराही-हिंगना
13/1/75

प्रिय भाई बिरजू बाबू,

मैं अभी तक घर पर ही हूँ। कल अशौच से निवृत्त हुआ हूँ।

मैं किस अवस्था में हूँ, इसका वर्णन नहीं कर सकता हूँ। पिछले एक सप्ताह से मानसिक क्रान्ति और अवसन्नता अपनी चरम सीमा पर है। इस बीच जुगनू के दो-दो तार आए और मैं निष्क्रिय और निश्चेष्ट यहाँ पड़ा हुआ हूँ। बहुत संकट में हूँ। कल, सोच रहा हूँ कि जिस भी अवस्था में हूँ—गाड़ी में जाकर बैठ जाऊँ।

मुझे आज मालूम हुआ है कि वेणु दो-तीन शीशम का पेड़ बेचना चाहता है और इसके लिए उसने रजनी को आपके पास भेजा था। उसे दस-पन्द्रह दिन के अन्दर ही बैल लेना है। मेरी ओर से निराश होकर—माँ-बेटे ने मिलकर शायद यह तय किया है। चूँकि आपने उसी बगीचे का एक पेड़ मोल लिया है, इसलिए आपके ही पास रजनी को भेजा था। आज मुझसे कहा गया है कि मैं आपको पत्र लिख दूँ इस सम्बन्ध में। सो मैं लिख रहा हूँ। आगे आपकी मर्जी।

बिरजू बाबू। मैं अब एकदम उड़कर पटना चला जाना चाहता हूँ।

आशा है, आप स्वस्थ और प्रसन्न हैं।

अगर Contact हो सके तो श्री जितेन्द्र जी को Telephone से कह दें कि मैं 15th January बुधवार को सुबह निश्चय ही पहुँच रहा हूँ—मेरे डेरे पर इसकी सूचना दे दें।

मैं अब लौटकर आऊँगा तभी आपसे सीधे फारबिसगंज जाकर मिलूँगा।

भाई ही

रेणु

रेणु जी की पुत्री नवनीता के विवाह की बात पटना के रजनीकान्त जी के पुत्र अरुण से चल रही थी। उसी का सन्दर्भ इस पत्र में है। शहर के जिन मेहमान का जिक्र है वे रजनीकान्त जी ही थे।

कसबा और गढ़बनैली के
बीच चलती गाड़ी से
15/2/75

भाई बिरजू बाबू

श्री जुशा से सारी बातें मालूम हो जाएँगी।

निवेदन है कि कल आप किसी समय आध घंटे के लिए भी मेरे घर पर आएँ तो मैं बहुत उपकृत होऊँगा।

चूँकि शहर के मेहमान आ रहे हैं—मुझ ग्रामीण के पास। उनके स्वागत-सत्कार के सामान्य साधन भी नहीं हैं। जुशा के मार्फत जो भी चीजें भेज सकें—भेज दें।

अगर शम्भू से बात करके जीप का जोगाड़ हो सके तो कल 9 बजे तक (बरौनी जोगबनी के पहले) सिमिराहा जुशा तथा शम्भू के साथ आ सकें तो बहुत अच्छा हो।

ज्यादा क्या लिखूँ। बाकी बातें मिलने पर।

नमस्कार।

भाई ही
रेणु

औराही-हिंगना
21/2/75

भाई बिरजू बाबू,

रजना ने आज तीन पेड़ कटवा लिया है। कल उन्हें 'टोनी' यानी टुकड़े में करेंगे। परसों तीन पेड़ की टोनियाँ या तो बैलगाड़ी अथवा ट्रैक्टर के टेलर पर पहुँचाई जा सकती हैं—ऐसा इसका कहना है।

मैं इसको आपके पास सीधे भेज रहा हूँ—इससे साफ-साफ सारी बातें कर लेंगे कि कब तक सारी लकड़ियाँ और क़िस तरह यह पहुँचाएगा।

वेणु की माँ आपके लिए खीर भेज रही हैं—इसमें चीनी नहीं डाली गई है।

हम लोग कल आ रहे हैं। बाकी बातें होंगी।

भाई ही

रेणु

समाजवादी मित्र ओमप्रकाश दीपक के देहान्त का समाचार रेणु जी ने अपने गाँव औराही-हिंगना में रेडियो पर 25/03/1975 को रात 10 बजे की खबर में सुना तथा उसी समय रात को 10 बजे यह पत्र उन्होंने अपने अन्तरंग मित्र बिरजू बाबू को अपना दुख-दर्द बाँटने के लिए लिखा। दीपक जी की बिरजू बाबू से भी अच्छी घनिष्ठता थी। जे.पी. के सम्पूर्ण क्रान्ति आन्दोलन में उनके सहयोगी तथा उनके बहुत नजदीकी मंडली में थे। दीपक जी डॉ. राममनोहर लोहिया के भी सहयोगी रहे तथा सोशलिस्ट पार्टी के दोनों मासिक पत्रों 'जन' तथा 'मैनकाइंड' के सम्पादक भी रहे। 'दिनमान' में भी लिखते रहे थे। रेणु जी का यह पत्र उनकी गहरी संवेदनशीलता को प्रकट करता है।

औराही-हिंगना
25.3.75
10 बजे रात

भाई बिरजू बाबू,

पौने नौ बजे रात रेडियो से 'दीपक जी' के हठात् हमारे बीच से उठ जाने का सुनकर मुझे काठ मार गया है। क्या लिखूँ, किन शब्दों में व्यक्त करूँ?

दिल के रोगी होने के बावजूद इधर उनके काम करने की क्षमता और दक्षता को देख-सुनकर अवाक होना पड़ता था। अब समझा कि बुझने के पहले शमा की लौ कैसे तेज हो जाती है। मन से इतना मजबूत आदमी कि कभी न हारा और न थका।

लोकनायक जयप्रकाश और विद्रोही युवा पीढ़ी के बीच का एक सही और सफल 'संवादिया' ऐसी घड़ी में चला गया? मैं मानता हूँ कि एक सक्रिय-सजग साहित्यकार और ईमानदार पत्रकार की हैसियत से हमारा दीपक बिहार जनआन्दोलन को सम्पूर्ण समर्पित हो गया। लेकिन, बुझ नहीं गया है। वह सदा हमारे दिलों में उसी तरह जलता रहेगा।...

मैं यहाँ गाँव में साधनहीन लाचार हूँ। अगर आप पहुँचा सकें तो कृपया मेरी ओर से भी श्रीमती दीपक तक मेरी हार्दिक संवेदना पहुँचा दें—"बुझ जाने के बावजूद दीपक बिहार के जन-जन के मन में जल रहा है और जलता रहेगा। भगवान आपको सहने की शक्ति दें। उनकी आत्मा को शान्ति, सम्पूर्ण-क्रान्ति के सफल होने पर ही मिलेगी।"

26/3/75 सुबह : बिरजू बाबू। मैं शान्तचित्त होने के लिए रामकृष्ण और विवेकानन्द और लोहिया को बारी-बारी से रात भर पढ़ता रहा हूँ। आप भी शान्त होकर बस यही सोचिए कि हमारा साथी लड़ाई के मैदान में वीरगति को प्राप्त हुआ है।...जनक्रान्ति जिन्दाबाद! दीपक जी जिन्दाबाद!

भाई ही—रेणु

पुनश्च : श्री जितेन्द्र जी को telephone पर contact करके अथवा everyman के पते पर यहाँ सीधे श्रीमती दीपक तक जैसे भी हो पहुँच सके—हमें अपनी संवेदना-वार्ता अवश्य पहुँचा देनी चाहिए।

रेणु

पुनश्च : बिरजू बाबू शान्त होइए।...सब भगवान की लीला है।

—रेणु

औराही-हिंगना
4.4.75

भाई बिरजू बाबू,

नहीं, मैंने फारबिसगंज आना नहीं छोड़ा है। आज आना था। नहीं आ सका। कल निश्चय ही आ रहा हूँ।...टोकरी-भर बातें हैं, आकर आपसे करूँगा। बगैर मिले कैसे जा सकता हूँ?

आशा है आप स्वस्थ और सानन्द हैं।

भाई ही
रेणु

पुनश्च :
अगर पिछले दो दिनों की, कलकत्ता के किसी पत्र की कोई प्रति हो, भेज सकें तो बहुत अच्छा हो।

रेणु

गाँव से
5.4.75

बिरजू बाबू,

भगवान को अशेष धन्यवाद। जेपी इस यात्रा में बाल-बाल बचकर आ गए। लेकिन, अब बंगाल की बारी है। यानी जनक्रान्ति की लपट में बंगभूमि भी आ गई।

मैं मस्तिष्क-शूल से पीड़ित हूँ आज।

भगवान जेपी की रक्षा करें।

कल मैं आऊँ या न आऊँ—आप फारबिसगंज से बाहर का प्रोग्राम मत बनाइएगा। नमस्कार।

भाई ही
रेणु

12/4/75

भाई,

अगर आप पटना चल रहे हैं और आज ही ट्रेन से चल रहे हैं तो ठीक। एकदम नहीं ही जा रहे हैं तो ठीक। यदि चल रहे हैं और गाड़ी से चल रहे हैं तब कल सुबह किस समय फारबिसगंज छोड़िएगा। मैं उसी हिसाब से अपना प्रोग्राम ठीक करूँगा। अगर आप सात बजे फारबिसगंज से चलकर चाहते हैं तो मैं आपको 'बारा' गाँव में—महावीर मंडल के दरवाजे पर उपस्थित मिलूँगा।

कृपया पत्रवाहक के हाथ पत्रोत्तर दें।

रजना अपना कोई निवेदन लिखना चाहता है। मैं कुछ नहीं लिखना चाहता।

आशा है, आप स्वस्थ हैं।

भाई ही

रेणु

12 अप्रैल, 75

2/30, राजेन्द्रनगर
पटना-16
1.6.75

भाई बिरजू बाबू,

मैं 21/5 को दिल्ली से सकुशल लौट आया। ऑल इंडिया इंस्टिट्यूट ऑफ मेडिकल साइंस में एक सप्ताह रहकर पूरा Check up करवा लिया—डॉ. आत्मप्रकाश के तत्त्वावधान में सारी जाँच हुई। अब जुलाई में फिर बुलाया गया हूँ—Acid Freezing Therapy के लिए। यह Therapy—भारत में इसे बस इंस्टिट्यूट में ही शुरू किया गया है। पेट को एकदम Freezing Point पर ले जाएँगे। 4 घंटे में आठ बार दस से पन्द्रह मिनट के लिए यह प्रक्रिया चलेगी। डॉक्टरों ने बल देकर कहा है कि वे मुझे सम्पूर्ण स्वस्थ कर देंगे।

मैं 6 से 10 जून तक घर आ रहा हूँ। पन्द्रह-बीस दिनों तक रहूँगा। साथ रहेगा आपका कई दिनों तक। श्री प्रफुल्ल मौन की मार्फत एक सम्बन्ध भी तय करना है।

मैंने 17 या 18 मई को जगदीश भाई जी को टेलिफोनि किया था। मिले थे फोन पर और उन्हें बाहर जाना था दो-तीन दिनों के लिए। सुना—काकू भी माँ को लेकर आया हुआ है। लेकिन, मुझे 20/5 को ही पटना चल देना पड़ा।

और सब समाचार उत्तम है।

घर आते ही आपको सूचित करूँगा।

नमस्कार ग्रहण करें।

भाई ही
रेणु

सेवा में,
श्री बृजमोहन, बाँयवाला
जगदीश मिल्स लि., फारबिसगंज

इस पत्र में रेणु जी की पुत्री नवनीता के विवाह का सन्दर्भ है।

15.6.75

प्रिय बिरजू बाबू,

आपका पत्र मिला।

मैं अब तक फारबिसगंज आ सकने की स्थिति में अपने को नहीं ला सका हूँ। शादी के तुरत बाद ही आपके बकाया पैसे का अधिकांश (कम-से-कम तीन हजार) चुका देने की व्यवस्था मैंने की थी। किन्तु, अब किसी को क्यों दोष दूँ। अपना ही सारा कसूर है। जहाँ डेढ़ हजार रुपए लगते और परीशानी भी नहीं होती—वहाँ (श्री जुगनू शारदेय जी की कृपा से) साढ़े तीन हजार लग गए। परीशानी जो हुई—वह अलग। पटना से जो चीजें खरीद कर लाया—वे या तो बेकार साबित हुईं या बहुत ज्यादा दाम लगे...अब क्या लिखूँ? सब मेरा दोष है। मेरी मूर्खता।

अब बम्बई से उनका पत्र आया है कि उनके चलते कुछ फिजूल खर्च हो गया और कुछ अव्यवस्था भी। इसके लिए वे दुखी हैं और प्रायश्चित्त और दंड के लिए तैयार हैं।

बिरजू बाबू। मैं चुप हूँ। अवाक हूँ—शादी के बाद से ही। ऐन शादी के दिन उनके मुँह से मेरे लिए गालियाँ फुलझड़ी की तरह छूट रही थीं। सिमराहा, बारा, अररिया से लेकर पूर्णिया तक—वे मेरे नाम पर अश्लील गालियाँ बो गए हैं। जो उन्हें पहचानते थे वे हैरान थे। जो नहीं पहचानते थे—समझ रहे थे कि बारात का कोई आदमी है और गाली दे रहा है।...

क्यों गाली दे रहा था अब समझा।

मुझे एक महीने का समय और दीजिए कृपया। पिछले बीस दिनों से लिख रहा हूँ। और दस-पन्द्रह दिनों में जो पांडुलिपि तैयार होगी—उस पर सात हजार तक एडवांस मिल जाएँगे—राजपाल ने भरोसा दिया है। इसलिए—बावजूद भीषण गर्मी और अस्तव्यस्तता के लिखे जा रहा हूँ। निश्चय ही जुलाई 75 के अन्तिम सप्ताह तक मैं रुपये वापस कर दूँगा।

कप प्लेट का भाड़ा और बिस्कुट की कीमत 25/5/75 तक मैं स्वयं लेकर आ जाऊँगा।

आपको क्या लिखूँ? आप लोग मेरे यहाँ से भूखे गए—मुझे मालूम है। मेरा सब किया-कराया बेकार हुआ। यों, मैंने अपने जानते सब ठीक ही किया था। लेकिन, 18/5 यानी शादी के दिन दोपहर से ही जुगनू जी के हरकतों के कारण हम सभी बदहवास हो गए। उस दिन जैसे-जैसे संवाद उन्होंने भेजे—उसका कुछ नमूना—"घर में बैठे रहें रेणु जी। बर और बारात वापस चला गया—कह दीजिएगा।" जुगनू ने बारा से समाचार भेजा।

—"पूर्णिया जाकर लौट आया हूँ—बारात लापता है। मैं टैक्सी लेकर गया था।" सिमराहा से पूछा।

अब समझ रहा हूँ कि यह सब वह क्यों कर रहे थे। उनके पास मुझे देने के लिए दो प्रकाशकों के करीब दो हजार रुपए थे (राजकमल पटना-अनुपमा पटना) उसमें से मुझे एक पैसा भी नहीं देना था—इसलिए भूमिका बाँध रहे थे।

विद्या बाबू कब तक यहाँ रहेंगे। मैं मंगलवार को आ रहा हूँ।

स्वस्थ हूँ।

आप कैसे हैं?

नमस्कार ग्रहण करें।

आपका

फणीश्वरनाथ 'रेणु'

25.6.75

भाई बिरजू बाबू,

पत्र मिला।

रात मेरा सब कुछ चोर उठा ले गया। एक ट्रंक जिसमें मेरे सारे कपड़े, पोर्टफोलियो बैग—दोनों—(VIP Box को तोड़कर—चीजें निकालकर—पाट के खेत में छोड़ दिया)—500 नकद, मेरी प्राण से भी प्यारी 'Parkar 51' कलम, शैलेन्द्र के पचास से भी अधिक पत्र, साढ़े तीन सौ पेज लिखी हुई पांडुलिपि, एक बुश रेडियो बड़ा—बहुत सारे अन्य अत्यावश्यक काग़जात—सब ले गये। मेरे पास सिर्फ देह पर जो कपड़े हैं—बस।...

सुबह से किंकर्तव्यविमूढ़ हूँ। थाना में सुबह ही रपट लिखा देना आवश्यक था। अभी किसी को भेज रहा हूँ।...शादी के समय एक नौकर सहरसा जिले का मेरे यहाँ दो महीने रहकर गया है और जो चोर था—यह उसके सिवा और किसी का काम नहीं। गाँव के एकाध चोर होंगे निश्चय ही मैं आज ही फारबिसगंज और फिर वहीं से पटना जानेवाला था।

ऐसी दुर्वस्था में आपके निमंत्रण को सहर्ष स्वीकार कर भी आने में असमर्थ हूँ।

क्या करूँ—कुछ समझ में नहीं आता। मेरा आदमी भी—श्री रामचन्द्र चौधरी—थाना पर मेरा पत्र लेकर जा रहा है। क्या ऐसी व्यवस्था नहीं हो सकती कि फारबिसगंज थाना से रानीगंज थाना के अधिकारियों को फोन द्वारा सूचित कर दिया जाय।

कृपया अन्यथा न लेंगे और मुझे इस विपत्ति में क्या करना है—लिखेंगे और सुधि लेंगे।

नमस्कार—

भाई ही

रेणु

1976

औराही-हिंगना

24.1.76

भाई बिरजू बाबू,

मैं 27/1 को पटना वापस जा रहा हूँ। 29/1 को सारा दिन आपके साथ, फारबिसगंज में रहूँगा। यदि आप जगदीश भैया को पटना फोन करें तो मेरे मित्रों से मेरे 28/1 को पटना पहुँचने का संवाद दे देने को कहें—कृपया।

पत्रवाहक पद्मपराग (बेणु) को आपकी सेवा में ढाई सौ रुपये के लिए भेज रहा हूँ। आपके नाम एक चेक दिया है [DD/5/756785 State bank of India–Judges Court Road Branch Patna] कृपया इसे रखकर बेणु को ढाई सौ रुपये दे दें। वरना मैं संकट में पड़ जाऊँगा। विश्वास करें—मेरे खाते में चेक के भुगतान के योग्य पैसे जमा हैं।

आप 26/1 को फारबिसगंज में रहेंगे या नहीं? पत्रोत्तर देंगे। नमस्कार ग्रहण करें।

भाई ही

रेणु

औराही-हिंगना,
3.2.76

आदरणीय भाई बिरजू बाबू,

आपका पत्र मिला।

मैंने पटना के समधी श्री रजनीकान्त बाबू को 29/1/76 को ही एक पत्र भेजकर सूचित कर दिया था कि अकस्मात् हमारे एक सगोत्र (Blood relation) की मृत्यु के कारण—पूर्वनिश्चित श्री पंचमी के दिन द्विरागमन का कार्य सम्पन्न नहीं हो सकेगा। इस आशय का एक पत्र मैंने डॉ. रामवचन राय के नाम भी उसी दिन दिया ताकि वह भी जाकर रजनी बाबू को इसकी सूचना दे सकें। किन्तु, ऐसा लगता है कि पत्र मिलने के बावजूद ये लोग चले आये हैं?

हम लोग जिस समाज में रहते हैं—उसमें अशौचावस्था में कोई शुभ कार्य नहीं होता। पटनावाले इन सब बातों को रूढ़ि मानते हैं। शायद, यह रूढ़ि हो भी। लेकिन, मुझे रहना इसी समाज में है। अशौचावस्था में—मेरे खयाल से किसी हिन्दू के घर में कोई शुभ कार्य नहीं होता। बल्कि, इस उद्देश्य से आना अथवा आ पहुँचना भी अशुभ है। मेरे दामाद साहब सदल-बल आये हैं—सदल-बल फारबिसगंज से ही वापस चले जायँ। इस अशौचावस्था में—पहली विदाई के निमित्त उनका यहाँ पहुँचना अच्छा नहीं।

हम लोगों के शुद्ध होने के बाद 20 फरवरी को शुभ दिन है। मैंने श्री रजनी बाबू को इसी तारीख के लिए लिखा था। किन्तु, ऐसा लगता है कि उन्होंने इस पर कोई ध्यान नहीं दिया।

सुबह को वेणु और शम्भू को भेज रहा हूँ। ये दोनों उन लोगों से बातें करने के लिए जा रहे हैं। मेरा जाना मैं उचित नहीं समझता। क्योंकि मेरे साथ अब तक जो व्यवहार हुआ है—यह आखिरी तिनका है। ...ये लोग, हम लोगों को महामूर्ख समझते हैं। मैं इनके व्यवहार से दुखित ही नहीं, क्रोधित भी हूँ।

विशेष भेंट होने पर—प्रणाम।

भाई ही
रेणु

पुनश्च :

एक-दो दिन में मैं आपकी सेवा में उपस्थित हो रहा हूँ।

क्या वे लोग विराटनगर से लौटते हुए आपसे मिलेंगे—क्या? अगर, वेणु और शम्भू के पहुँचने के पहले आवें तो उन्हें रोकेंगे। वेणु वगैरह पहली गाड़ी से पहुँचेंगे।

रेणु

4.2.76

आदरणीय भाई,

आपका पत्र मिला। शुरू से अन्त तक कई बार पढ़ गया। किन्तु, मेरी किंकर्तव्यविमूढ़ता पूर्ववत् बनी रही। यह मान लेने पर भी कि यह लोग जानबूझकर नहीं आये हैं—समस्या बनी रहती है। अशौचावस्था में कोई शुभ काम सम्भव नहीं—यह तो आप जानते हैं? इसमें अरुण जी के मुँह दिखलाने या नहीं दिखलाने का सवाल ही कहाँ उठता है?

मधुर संबंध को बनाये रखने के लिए ही मेरी भी सारी चेष्टा है। मेरे या हमारे परिवार के मन में हमेशा यह काँटे की तरह नहीं खटकता रहे कि अमुक बेटी का गौना अशौच में हुआ अथवा अमुक दामाद का अशुभ घड़ी में पदार्पण हुआ।

साइत-शुभ-अशुभ घड़ी तथा ग्रह-नच्छत्र, लग्न, राशि के मामले में बहुत ही रूढ़िवादी और कट्टरपंथी हूँ। इसके लिए मुझे लज्जा भी नहीं।

20 फरवरी के पहले द्विरागमन हम नहीं सम्पन्न करवा सकते।

अरुण जी को जो पत्र मैंने दिया है वही पर्याप्त है—इसके अलावा एक शब्द ज्यादा मैं उनको नहीं लिखूँगा।

मेरी इज्जत का यहाँ कोई प्रश्न नहीं। बेटी-दामाद के सुखमय भविष्य के लिए ही मेरी यह जिद्द है। प्रणाम—

भाई ही

रेणु

प्रतिष्ठा में :
श्री ब्रजमोहन बाँयवाला
फारबिसगंज

औराही-हिंगना
10.3.76

आदरणीय भाई बिरजू बाबू,

आपका पत्र मिला। हाँ, मैं अच्छी तरह हूँ—यदि इसी को अच्छी तरह रहना कहा जाता है तो सचमुच अच्छी तरह हूँ। स्वर्ग का सुख भोग रहा हूँ। और क्या चाहिए? मनुष्य योनि में जन्म लेकर अब 'धन्य' हो रहा हूँ।

आपसे मिलने की उत्कट-अभिलाषा मन में सदा बनी रहती है। किन्तु, जिस कारण से मुँह नहीं दिखला पा रहा हूँ—वह आप भलीभाँति समझते होंगे।

जमीन औन-पौन दाम में बेचना चाह रहा हूँ—ग्राहक मिलते नहीं। उम्मीद है, होली के बाद—जमीन, कुछ अचल सम्पत्ति (जैसे पम्पिंग सेट, पेड़ वगैरह) तथा रिवाल्वर के ग्राहक मिल जायेंगे। अन्य आवश्यक उपाय भी कर रहा हूँ। 'मार्च' के कारण—मेरे प्रकाशक अभी कुछ देने में असमर्थ हैं। अप्रैल के अन्तिम सप्ताह में—जैसे भी हो—मैं पैसे लेकर ही आपके दर्शन को पहुँचूँगा। मुझे पूरा विश्वास है (अभी भी मन में जीवन के प्रति विश्वास बाकी है थोड़ा) कि मैं इस बार वादाखिलाफी नहीं करूँगा।... आपने जैसे वक्त में मेरी सहायता की है—उसको भूला नहीं हूँ। इसलिए, यदि आदमी की हैसियत से जीना है तो आपकी आवश्यकता के समय मुझे अविलम्ब पैसे पहुँचा देनो चाहिए। परिस्थितियाँ लगातार प्रतिकूल नहीं होती जातीं तो शायद ऐसा नहीं होता। आप कुछ दिन और मुझ पर अपना विश्वास बनाये रखें तो मेरा भी हौसला बढ़ेगा। यों, अभी तो अपने कलेजे का दर्द भी—'हमदर्द' नहीं। किन्तु, आप पर मुझे भरोसा है।

एक महीने से अखबार पढ़ना और रेडियो सुनना बन्द है। चिट्‌ठी-पत्तरी भी कहीं से नहीं आती, न किसी को लिखता हूँ। ऐसे में आपका पत्र—होली के पहले पाकर—मन में एक अजीब-सी गुदगुदी लग रही है। मन के किसी कोने में टेसु खिल उठता है, रंग-गुलाल उड़ने लगते हैं और मिलकर—जी खोलकर—हँसने-हँसाने की लालसा ललक पड़ती है। किन्तु, अब सब कुछ 'आकाश-कुसुम' प्रतीत हो रहा है।

आपके स्वास्थ्य के लिए भगवती से प्रार्थना करता रहता हूँ।

यदि आवश्यक समझें—पत्रोत्तर देंगे। आपका कोई भी पत्र मुझे सुख दे देगा।

प्रणाम स्वीकार करें।

भाई ही
रेणु

औराही-हिंगना,
4.7.76

भाई बिरजू बाबू,

आपका पत्र मिला। किन्तु, ऐसा संयोग कि पिछले दो दिनों से ज्वर तथा खाँसी से पीड़ित हूँ। अत: मुनि रूपचन्द्र जी के स्वागत समारोह के उत्सवों में सम्मिलित नहीं हो सका। यह मेरा दुर्भाग्य!

किस अवस्था में हूँ। लिखकर बता नहीं सकता। ज्वरमुक्त होते ही फारबिसगंज आकर मिलूँगा।

जु.शा.* ने बिहार सरकार के लिए डॉक्युमेंटरी फिल्म बनाने का काम लिया है—सुना है। मुझसे पत्र-व्यवहार और मुलाकात नहीं है। श्री नागार्जुन जी बाहर हैं। किन्तु, सुना है कि...।

मुझे बहुत दुख हो रहा है कि मैं आज फारबिसगंज नहीं आ सका। बच्चे अच्छे हैं। आशा है, दिल्ली में जगदीश तथा कलकत्ते में विद्याचरण सपरिवार स्वस्थ होंगे।

नमस्कार ग्रहण करें।

भाई ही
रेणु

सेवा में :
श्री बृजमोहन बाँयवाला
जगदीश मिल्स लि.
फारबिसगंज

---

* जुगनू शारदेय

कुछ और पत्र

इन पत्रों में दिनांक दर्ज नहीं है।

औराही-हिंगना

भाई बिरजू बाबू,

सबसे पहले आप मुझे क्षमा कर दें कि आपके पटना आने का संवाद पाकर मैं भी घर चला आया। घर से टेलिग्राम गया हुआ था, शीघ्र आने के लिए। अतः...?

घर पहुँचकर—अर्थात् स्टेशन पर पहुँचकर ही जो संवाद मिला वह पाव भर खून सुखा देनेवाला। सुना कि सारे इलाके की धान की खेती को कुचलकर रख दिया है शिलावृष्टि ने। स्टेशन से चला तो दोनों ओर के खेतों की अवस्था देखकर सचमुच रो पड़ा।...नागार्जुन जी के साथ आप लोगों ने जिस खेत और बाध में धान रोपा था वह भगवती की कृपा से बच गया है।

मैं कल दोपहर को (बरौनी-जोगबनी) फारबिसगंज आ रहा हूँ। मिलकर सब कुछ सुनाऊँगा।

नमस्कार ग्रहण करें।

भाई ही
रेणु

सेवा में :

श्री बृजमोहन बाँयवाला
जगदीश मिल्स लि.
फारबिसगंज

बिरजू बाबू,

यह क्या हो गया है। मैं हमेशा की तरह झूठा का झूठा ही रहा—वायदे पर कोई काम नहीं करनेवाला आप लोगों का रेणु?

'दिनमान' टाइम का डिस्पैच भेजना आज अत्यावश्यक था। सुबह से 9:30 बजे लग गए। कल के बाद और किसी दिन का प्रोग्राम बनाइए न कृपया? कल रामनवमी है—मैं जरा पाखंडी हो गया हूँ न। उस दिन 'निराला' कृत रामजी का 'राम की शक्ति-पूजा' पाठ करता हूँ। परसों आ रहा हूँ। बातें होंगी।

भाई ही

रेणु

औराही-हिंगना

भाई बिरजू बाबू,

मैं पूर्णिया से सीधे फारबिसगंज नहीं जा सकता।

कल, रविवार को दोपहर की गाड़ी से आप श्री नागाबाबा को लेकर औराही-हिंगना आ रहे हैं। स्टेशन पर बैलगाड़ी या भैंसा गाड़ी रहेगी।

विशेष मिलने पर है।

भाई ही

रेणु

बिरजू बाबू,

नागार्जुन की भाषा में कहूँ तो सीधे कहना होगा—"कृपया एक सौ रुपए भेज दें।" आवश्यकता पड़ गई। जब वापस करूँगा तो एक ही साथ।

आशा है इस अनौपचारिक पत्र के लिए क्षमा करेंगे।

भाई ही
रेणु

प्रिय भाई,

तार और आपका पत्र प्राप्त हुआ। मैंने कल भात खाया है। तीन-चार दिनों तक बेसुध और बेहाल रहा।

कृपया रा.म. जी को सूचित कर दें (किसी भी माध्यम से) कि मैं 30 तारीख तक हर हालत में पटना जा रहा हूँ।

पिछले एक-दो दिनों का अखबार अगर भेज सकें तो अच्छा है। पटना का कोई समाचार?

मैं कल भी नहीं आ सकूँगा। परसों, यानी सोमवार को निश्चय ही फारबिसगंज आ रहा हूँ। आप कैसे हैं? माताजी का समाचार।

नमस्कार ग्रहण करें।

भाई ही
रेणु

पत्रोत्तर दें।

परिशिष्ट

जयप्रकाश नारायण का पत्र

कैम्प : छपरा मठ
मुजफ्फरपुर
5 दिसम्बर, 1970

प्रिय रेणु जी,

पिछली बार जब मैं पटना गया तो आपसे मिलना चाहा था। लेकिन समयाभाव के कारण आपसे सम्पर्क नहीं किया जा सका। मैं 18-19 दिसम्बर को पटना में रहूँगा। इस समय यदि पटना में रहें तो मुझसे मिलने की कृपा करें।

यहाँ मैं जो काम कर रहा हूँ, उसके अनुभवों पर आधारित मेरा एक लम्बा सा लेख 'आर्यावर्त' में 29 नवम्बर से लगातार कई किस्तों में प्रकाशित हुआ है। आपने देखा होगा। गाँव की कठोर वास्तविकताओं को निकट से देखने का यहाँ अवसर मिला है। 23 वर्षों के स्वराज्य के बावजूद भारत माता का 'आँचल' सचमुच कितना 'मैला' है! इसमें नक्सलवाद नहीं तो और क्या पलेगा? मैं चाहता हूँ कि आप जैसे समर्थ साहित्यकार इन वास्तविकताओं को आकर देखें और उनकी तस्वीर साहित्य में उतारें। 'मैला आँचल' लिखकर आपने साहित्य-लेखन या उपन्यास-लेखन की जो परम्परा शुरू की थी, वह समाप्त हो गई सी लगती है। आज की पृष्ठभूमि में उसे पुनर्जीवित कर आगे बढ़ाने की जरूरत है। यह तो जाहिर है कि इस देश में भावी क्रान्ति का क्षेत्र गाँव ही होगा, और नव निर्माण का आरम्भ

भी वहीं से होगा। अत: क्रान्तिकारी नव साहित्य का सृजन गाँव में बैठ कर ही किया जा सकता है।

पता नहीं, आपका स्वास्थ्य इन दिनों कैसा है। यदि स्वास्थ्य अनुकूल हो और यहाँ आने को तैयारी हो तो एकाधिक बार यहाँ भी आइए। मेरा खयाल है : कथा-साहित्य के लिए आपको पर्याप्त सामग्री यहाँ मिलेगी।

इन दिनों मैं अपना अधिकाधिक समय और शक्ति इसी क्षेत्र में लगा रहा हूँ। यदा-कदा अत्यन्त आवश्यक कार्य से ही बाहर जाता हूँ। यहाँ जब भी आना चाहें, सच्चिदा बाबू के द्वारा पूर्व सूचना देकर आ जाएँ।

आपका सस्नेह

(जयप्रकाश नारायण)

श्री फणीश्वरनाथ 'रेणु'
पटना

कैम्प : छपरा मठ
मुजफ्फरपुर
५ दिसम्बर, १९७०
स्थान

जयप्रकाश नारायण

स्थायी पता :
कदमकुआं, पटना-३
फोन : २५५४०

प्रिय रेणु जी,

पिछली बार जब मैं पटना गया तो आपसे मिलना चाहा था। लेकिन समयाभाव के कारण आपसे सम्पर्क नहीं किया जा सका। मैं १८-२९ दिसम्बर को पटना में रहूँगा। उस समय यदि पटना में रहें तो मुझसे मिलने की कृपा करें।

यहां मैं जो काम कर रहा हूँ, उसके अनुभवों पर आधारित मेरा एक लम्बा सा लेख 'आर्यावर्त' में २९ नवम्बर से लगातार कई किस्तों में प्रकाशित हुआ है। आपने देखा होगा। गांव की कठोर वास्तविकताओं को निकट से देखने का यहां अवसर मिला है। २३ वर्षों के स्वराज्य के बावजूद भारत माता का 'आंचल' सचमुच कितना 'मैला' है! इसमें नक्सलवाद नहीं तो और क्या पलेगा? मैं चाहता हूँ कि आप जैसे समर्थ साहित्यकार इन वास्तविकताओं को आकर देखें और उनकी तस्वीर साहित्य में उतारें। 'मैला आंचल' लिख कर आपने साहित्य-लेखन या उपन्यास-लेखन की जो परम्परा शुरु की थी, वह समाप्त हो गई सी लगती है। आज की पृष्ठभूमि में उसे पुनर्जीवित कर आगे बढ़ाने की जरूरत है। यह तो जाहिर है कि इस देश में भावी क्रान्ति का क्षेत्र गांव ही होगा, और नवनिर्माण का आरम्भ भी वहीं से होगा। अतः क्रान्तिकारी नव साहित्य का सृजन गांव में बैठकर ही किया जा सकता है।

पता नहीं, आपका स्वास्थ्य इन दिनों कैसा है। यदि स्वास्थ्य अनुकूल हो और यहां आने की तैयारी हो तो एकाधिक बार यहां भी आइए। मेरा ख्याल है कथा-साहित्य के लिए आपको पर्याप्त सामग्री यहां मिलेगी।

इन दिनों मैं अपना अधिकाधिक समय और शक्ति इसी क्षेत्र में लगा रहा हूँ। यदा-कदा अत्यन्त आवश्यक काम से ही बाहर जाता हूँ। यहां जब भी आना चाहें, सच्चिदा बाबू के द्वारा पूर्व सूचना देकर आ जायें।

आपका सस्नेह
जयप्रकाश
(जयप्रकाश नारायण)

श्री फणीश्वरनाथ रेणु
पटना.

अज्ञेय का पत्र

1966 में बिहार के कुछ इलाकों में भयंकर सूखा पड़ा अकाल जैसी स्थिति हो गई। जयप्रकाश नारायण (जे.पी.) ने उस समय बिहार में काफी दौड़-धूप की थी। जे.पी. के कहने से अज्ञेय उस इलाके का दौरा करने आए थे। रेणु तथा जितेन्द्र प्रसाद सिंह ('टाइम्स ऑफ इंडिया', पटना के सम्पादक) भी उनके साथ उस दौरे में गए थे। भारत यायावर भी साथ थे। 'ऋणजल-धनजल' में इस दौरे के संस्मरण प्रकाशित हैं।

अज्ञेय का रेणु के नाम यह पत्र 18/12/1973 का है जिसमें उन्होंने रेणु से 'प्रतीक' के लिए सहयोग माँगा था।

सच्चिदानन्द वात्स्यायन
ए 3/5 वसन्त विहार,
नयी दिल्ली-110057

18.12.73

प्रियवर,

नहीं जानता कि यह पत्र लिखने का कुछ परिणाम निकलेगा या नहीं। आप तो बिलकुल सिद्ध पुरुष हो गए जान पड़ते हैं और यहाँ से भी सिद्धों की भाँति ही लापता हुए थे। फिर भी मैं तो पहुँचने का यत्न करूँगा।

'प्रतीक' का अंक छपा रखा है और जनवरी का भी आधा छप गया है : अटक कुछ रजिस्ट्रेशन की कार्रवाई के कारण हुई। लेकिन इस सप्ताह डिस्पैच में चला जाएगा। मैंने सलाहकारों में आपका भी नाम दिया है। अब इस दायित्व को आशा है आप निबाहेंगे। मुझे आप से तो कहानी/स्केच

या संस्मरण चाहिए ही : कृपया और लोगों को भी प्रेरित करें कि 'प्रतीक' के लिए रचनाएँ भेजें। अंक जो तैयार हुए हैं मुझे विश्वास है कि आपको अच्छे लगेंगे। भविष्य में और अच्छे ही होते जाने चाहिए पर आपका पूरा सहयोग अपेक्षित है।

फरवरी/मार्च में इधर आने का विचार भी रखता हूँ। पर कोई हीला बन गया तभी, नहीं तो यों ही यात्रा करना अब बनता नहीं है।

आशा है प्रसन्न हैं। उत्तर भी देंगे।

बन्धु जन को मेरा स्नेह स्मरण दिला दें। लतिका जी को सादर नमस्कार दें।

आपका

वात्स्यायन

सच्चिदानन्द वात्स्यायन
ए ३/५ वसन्त बिहार,
नयी दिल्ली ११००५७

१८.१२.८३

प्रियवर,

नहीं जानता कि यह पत्र लिखने का कुछ परिणाम निकलेगा भी नहीं: आप तो बिल्कुल सिद्ध पुरुष हो गये जान पड़ते हैं और यहाँ से भी सिद्धों की भाँति ही लापरवाह रहते हैं! फिर भी हैं तो पहुँचने का यत्न करूँगा।

प्रतीक का अंक छपा रखा है, और नवकविता भी अच्छा छप गया है: अब कुछ नये सहयोगी की कार्रवाई के आगे बढ़ेगी लेकिन इस महीने उत्सव में चला जाएगा। मैंने सलाहकारों में आपका भी नाम दिया है। अब इस दायित्व को आप कैसे निबाहेंगे, और आप से तो कहानी/कविता का संकलन चाहिए ही: कृपया और लोगों को भी प्रेरित करें कि प्रतीक के लिए रचनाएँ भेजें। अंक जो तैयार हुए हैं और विश्वास है कि आपको अच्छे लगेंगे: भविष्य में और अच्छे ही होंगे जो चाहिए पर आपका सहयोग अपेक्षित है।

फरवरी/मार्च में इधर आने का विचार भी किया है — पर कोई निश्चय नहीं, यों तो भारत का अब बनता नहीं है!

आशा है स्वस्थ हैं। इधर कब आएँगे? कमलजी को मेरा सस्नेह स्मरण दिला दें। आशीष जी को नमस्कार कहियेगा।

~~अज्ञेय~~
वात्स्यायन

बृजमोहन बाँयवाला का पत्र

फरवरी 20, 1974

आदरणीय रेणु जी,

आपके दो पत्र मिले। किसी कारणवश कल पूर्णिया चले जाने से उत्तर नहीं दे सका। श्री नन्दलाल जी से अब तक कोई संवाद नहीं मिला है। आजकल में किसी आदमी को विराटनगर भेजकर पूरा पता लगाकर आपको लिखूँगा। अज्ञेय जी का पत्र आपने भेजा था, मिला। अन्य साहित्यकारों के पत्र भी जैसा आपने लिखा है, मिलने से मैं सुरक्षित रखूँगा। प्रतीक का वी.पी. अथवा कोई समाचार अभी तक नहीं मिला। समाचारों के अनुसार प्रदीप ठीक है।

आशा है आपका स्वास्थ्य सुधर रहा होगा। मेरी राय में आपको पटना एक बार अवश्य जाना चाहिए। नन्दलाल जी के विषय में चिन्तित न हों, मैं समाचार मँगाकर आपको सूचित कर दूँगा।

आपका ही

(बृजमोहन बाँयवाला)

प्रणव चटर्जी का पत्र और जे.पी. की कविता

कांग्रेस की इंदिरा सरकार ने 25/06/1975 को आपातकाल की घोषणा की तथा जे. पी. तथा सभी विरोधी नेताओं को गिरफ्तार कर लिया। जे. पी. उस समय काफी अस्वस्थ थे। उन्हें डायलेसिस कराना पड़ता था। उनकी बीमारी को देखते हुए उन्हें एम्स अस्पताल में कैद करके रखा गया। वहाँ गलत इलाज के कारण उनकी तबीयत और भी बिगड़ गई। मरणासन्न अवस्था में जे. पी. को 12 नवम्बर, 1975 को जेल से रिहा कर इलाज के लिए सीधा बम्बई के 'जसलोक अस्पताल' में भरती कराया गया। वहाँ भी उनकी तबीयत नहीं सुधरी। उसी दौरान बिहार के प्रमुख समाजवादी नेता प्रणव चटर्जी उनसे मिलने 15/12/1975 को जसलोक अस्पताल गए। जे.पी. ने प्रणव से रेणु जी के बारे में पूछा तथा अपनी एक कविता उनके लिए प्रणव को सौंपी। प्रणव ने यह पत्र लिखकर रेणु को यह पूरा प्रसंग बताया और जे. पी. की कविता भी भेजी।

रेणु जी से जे. पी. का कितना प्रेम और सम्बन्ध था, वह इस चिट्ठी और कविता से पता चलता है।

7.12.75

प्रिय रेणु जी,

पटने से चलते समय मिल न सका—इसका खेद है। दिल्ली में बीमार नेता को देखकर अत्यन्त क्लेश में हो गया था। फिर उनके आने के दूसरे रोज यहाँ आ गया। बहुत नाजुक हालत से गुजर रहे हैं। अखबारी विवरण प्राय: झूठ है। रक्त-यूरिया में मशीन द्वारा कमी होने पर अवश्य ही कुछ

अच्छे लगते हैं—फिर भी प्राकृतिक स्थिति से कोसों दूर हैं। स्वाभाविक रूप से पेशाब तो हो ही नहीं रही है। गुर्दे की हालत अत्यन्त नाजुक है। अंजाम कुछ भी हो सकता है। जब मिलता हूँ तो अनेकों प्रश्न करते हैं।

3 तारीख की रात जब सभी चले गए थे—तो एकाएक जगदीश जी कागज मँगाकर उन्मुक्त होकर एक साँस में एक कविता लिखवाई। फिर 5 तारीख को प्रात: 5:30 बजे उस लाइनदार कागज पर जिसमें कविता लिखी हुई थी मेरे सामने हस्ताक्षर किए। आपके एक और मित्र भी वहीं थे। अत्यन्त लोमहर्षक दृश्य था। आँखें बरस रही थीं। हम लोग तो एकबारगी विह्वल हो गए। कविता आपके लिए भेज रहा हूँ। प्राप्ति संवाद देने की आवश्यकता नहीं। मिलने पर विस्तारित बातें होंगी।

काश, यह कविता प्रकाशित हो जाती।

शुभकामनाओं के साथ।

आपका

प्रणव चटर्जी

जीवन विफलताओं से भरा है।
सफलतायें जब कभी आईं निकट
दूर ठेला है उन्हें निज मार्ग से
तो क्या वह मूर्खता थी?
नहीं।

सफलता और विफलता की परिभाषायें भिन्न हैं मेरी।
...मुझ क्रांति शोधक के लिये
कुछ अन्य ही पथ मान्य थे, उद्दिष्ट थे
पथ त्याग के, सेवा के, निर्माण के
पथ संघर्ष के सम्पूर्ण क्रांति के
जग जिसे कहता विफलता
थीं शोध की वे मंजीले।
मंजीले वे अनगिनत हैं
गंतव्य भी अति दूर है।
रुकना नहीं मुझको कहीं
अवरुद्ध जितना मार्ग हो।
निज कामना कुछ है नहीं
सब है समर्पित ईश को
तो विफलताओं पर तुष्ट हूँ अपनी
और यह विफल जीवन
शत-शत धन्य होगा
यदि समान धर्मा प्रिय तरुणों का
कंटकाकीर्ण मार्ग यह कुछ सुगम बन जावे।

5.12.75 **जयप्रकाश नारायण**
जसलोक
अस्पताल

जीवन विफलताओं से भरा है।
सफलतायें जब कभी आईं निकट
दूर ठेला है उन्हें निज मार्ग से
तो क्या वह मूर्खता थी?
नहीं।

सफलता और विफलता की परिभाषायें भिन्न हैं मेरी।
मुझ क्रांति शोधक के लिये
कुछ अन्य ही पथ मान्य थे, उद्दिष्ट थे
पथ त्याग के, सेवा के, निर्माण के
पथ संघर्ष के सम्पूर्ण क्रांति के
जग जिसे कहता विफलता
थीं शोध की वे मंजिलें।
मंजिलें वे अनगिनित हैं
गंतव्य भी अति दूर है।
रुकना नहीं मुझको कहीं
अवरुद्ध जितना मार्ग हो।
निज कामना कुछ है नहीं
सब है समर्पित ईश को
तो विफलताओं पर तुष्ट हूं अपनी
और यह विफल जीवन
शत शत धन्य होगा
यदि समान धर्मा प्रिय तरुणों को
कंटकाकीर्ण मार्ग यह कुछ सुगम बन जावे

5.12.75.
जसलोक
अस्पताल

जयप्रकाश नारायण

बिरजू बाबू को पद्मपराग राय वेणु का पत्र

औराही-हिंगना

27.1.77

पूज्य चाचा जी

प्रणाम।

समाचार शुभ है, आशा है कि आप भी कुशलतापूर्वक होंगे। पिताजी का 18.1.77 मंगल को ऑपरेशन हो चुका है। इधर जाना चाहता हूँ, परन्तु नहीं जा रहा रहा हूँ। आपको पिताजी के विषय में कहाँ तक जानकारी है, पत्रवाहक मेरे छोटे भाई अप्पू को कहेंगे। आगे समाचार यह है कि 500 रुपये की जरूरत है क्योंकि खवासपुर मेला लग चुका है, एक जोड़ी हल का बैल लेना आवश्यक है।

हल में बैल नहीं है। चाचाजी यदि आप रुपैया दे देते हैं, तो बहुत ही अच्छा होगा हम लोगों के लिए। फिर पन्द्रह दिनों के बाद रुपैया वापस कर दूँगा।

विशेष क्या, आगे आप जो करें।

आपका भतीजा

पद्मपराग राय वेणु

27.1.77

रेणु और मैं

—विश्वेश्वर प्रसाद कोइराला

बात 1937 की है। महीना मुझे याद नहीं। मैं अपनी पत्नी सुशीला के साथ अपने घर विराटनगर (नेपाल) जा रहा था। हमारी नई-नई शादी हुई थी। हम कटिहार से जोगबनी जानेवाली गाड़ी में सफर कर रहे थे। जोरों की वर्षा हो रही थी। एक स्टेशन से जब गाड़ी खुली तो देखता हूँ कि एक किशोर हमारे डब्बे के बाहर डंडी पकड़कर पाँवदान पर खड़ा है। गाड़ी साँय-साँय करती द्रुत गति से दौड़ने लगी थी। वह युवक भीगकर पानी-पानी हो रहा था। हमारा डब्बा सेकेंड क्लास का था (उन दिनों का राजसी सेकेंड क्लास)। उस डब्बे में केवल हम पति-पत्नी थे। हम दोनों इसी उधेड़बुन में थे कि उस नितांत अपरिचित व्यक्ति को डब्बे के अन्दर आने दिया जाए या नहीं? कहीं वह उचक्का तो नहीं? हो सकता है कि वह चोर हो और हमें एक प्रकार से निर्जन पाकर हमारी हत्या कर हमारा सामान लेकर चलता बने। लेकिन सुशीला से रहा नहीं गया। उसकी सतही सही, उस समय की हालत पर तरस खाकर उसने डब्बे का दरवाजा खोल दिया। अन्दर आने पर जब उसने देखा कि डब्बे में पति-पत्नी सरीखे केवल दो प्राणी हैं तो वह सकते में आ गया और सीट पर बैठने से कतराता रहा, लेकिन बैठने के लिए हमारे बार-बार के अनुरोध पर वह एक सीट पर दुबककर बैठ गया। सुस्थिर होते ही उसने अपना परिचय दिया और हमारा परिचय पूछा। पारस्परिक परिचय के बाद वह हम लोगों से इतना घुल-मिल गया कि वह हमारे साथ विराटनगर चला आया। विराटनगर

आने के बाद वह हमारे घर पर ही रहने लगा। वह था हिन्दी का यशस्वी कथाकार फणीश्वरनाथ 'रेणु'।

रेणु मुझे सान्दाजु कहता था। नेपाली में सान्दाजु का अर्थ होता है बड़े भाई से छोटा लेकिन अपने से अग्रज। हम पाँच भाइयों में मात्रिकाप्रसाद कोइराला ज्येष्ठ हैं। हम अनुज उन्हें ठुल्दाजु अर्थात् बड़े भैया कहते हैं। उनसे छोटा मैं हूँ। अन्य तीन भाइयों में बड़ा होने के नाते मैं उनके लिए सान्दाजु बना।

विराटनगर में मेरे पिताजी (स्व. कृष्णप्रसाद कोइराला, जो नेपाल के गांधी कहाते थे और साधारणतया सभी उन्हें 'पिताजी' कहा करते थे) ने एक स्कूल खोला था जो नेपाल तराई का सर्वप्रथम स्कूल था। उसी स्कूल में रेणु भी दाखिल हुआ और उसकी प्रारम्भिक शिक्षा वहीं हुई। मेरे एक छोटे भाई तारणीप्रसाद कोइराला (अब स्वर्गीय) से रेणु की खूब जमती थी। दोनों में साहित्य के प्रति चाव था। दोनों साहित्य के रसिक प्रेमी यदा-कदा कुछ लिखते रहते थे। उस समय तारणीप्रसाद की उम्र पन्द्रह वर्ष की थी और रेणु भी समवयसी ही रहा होगा। तभी से एक समय का नितांत अपरिचित किशोर रेणु कोइराला परिवार का एक अभिन्न सदस्य जैसा हो गया और जीवनपर्यन्त रहा।

रेणु हिन्दी साहित्य का ही नहीं, बांग्ला साहित्य का भी मनोयोगी और रसग्राही पाठक था। उन दिनों वह विशेषत: सतीनाथ भादुड़ी की उफनती-फड़कती क्रान्तिकारी राजनीतिक रचनाओं के प्रति बड़ा ही आसक्त था। उसी ने मुझे सतीनाथ जी से मिलाया और उनकी रचनाओं को पढ़-पढ़ाकर रसास्वादन कराया। मेरी कुछ रचनाएँ हिन्दी मासिक 'हंस' (उसके सम्पादक प्रेमचन्द से मेरा परिचय हो गया था) और नेपाली मासिक 'शारदा' (काठमांडू) में छप चुकी थीं। रेणु मेरा साहित्यिक सहायक बना। बाद में उसने मेरी कुछेक नेपाली कहानियों का हिन्दी में अनुवाद किया। पटना से स्व. रामबृक्ष बेनीपुरी द्वारा सम्पादित मासिक 'हिमालय' में मेरी एक नेपाली कहानी का हिन्दी अनुवाद रेणु ने प्रकाशित कराया।

लेकिन सबसे बढ़कर रेणु मेरा छोटा भाई था। उसकी क्रान्तिकारी प्रवृत्ति और अन्याय तथा दमन का विरोध करने की उग्रता मेरी ही जैसी थी। उसके

विचार मेरे अपने जैसे लगते थे। वास्तव में वह मेरा ही था। वह स्वतंत्रता का प्रचंड योद्धा था। नेपाल में प्रजातंत्र के हमारे संघर्ष में उसने हमारे कंधे से कंधा मिलाया। राणा-शासन को अपदस्थ करने हेतु नेपाली कांग्रेस ने 1950 में जो सशस्त्र क्रान्ति छेड़ी थी, उसमें रेणु भी शामिल हो गया और मुक्तिसेना की फौजी वर्दी में मेरे साथ बन्दूक लेकर मोर्चे पर कूद पड़ा। क्रान्ति के समय उसने नेपाली कांग्रेस के प्रचार-प्रकाशन तथा विराटनगर में स्थापित एक गैरकानूनी आकाशवाणी के संगठन में महत्त्वपूर्ण भूमिका अदा की।

1935 से जब से मेरा रेणु से परिचय हुआ तब से हम घनिष्ठ ही रहे, यद्यपि बीच-बीच में हमारा सम्पर्क टूट जाया करता था। दिसम्बर 1976 में आठ वर्षों के निरन्तर आत्मनिर्वासन के बाद मैं स्वदेश लौटने की तैयारी कर रहा था। उसी सिलसिले में मैं पटना पहुँचा था जहाँ से 30 दिसम्बर को काठमांडू जाने का मेरा कार्यक्रम निश्चित हो गया था। लेकिन काठमांडू जाने के पहले मैं जैसे भी हो रेणु से मिलना चाहता था। पटना में अपने कुछ मित्रों से उसके बारे में पूछने पर पता चला कि वह एक स्थानीय अस्पताल में इलाज के लिए दाखिल हुआ है। उस समय रात के दस बज चुके थे। मैं उतावली में उसी समय उससे मिलने के लिए अस्पताल की ओर दौड़ पड़ा। ऐसे कुसमय में रोगी से मिलना अनुचित है यह जानता था पर दूसरे दिन प्रात:काल ही काठमांडू के लिए प्रस्थान करना था इसलिए रेणु से मिलने का समय टालने की कोई गुंजाइश न थी।

अस्पताल में शय्यालीन रेणु को देखा। वह एक कंकाल बना हुआ था। डॉक्टर ने बताया कि वह कुछेक जानलेवा रोगों से ग्रस्त है लेकिन लाख मना करने पर भी रेणु उठ बैठा और मेरे पाँव छूकर गोया कोई खोई चीज पाकर गद्‌गद हो गया। उसने कहा कि मैं बीमार हूँ अत: फिलहाल नेपाल के प्रजातांत्रिक संघर्ष में आपको सहयोग नहीं दे सकता। लेकिन मैं जल्द ही स्वस्थ होऊँगा। तब सारनाथ जाकर सुशीला भाउजू (भौजी) के साथ रहूँगा और उनकी सेवा करूँगा। फिर वहाँ उपस्थित दो-चार युवकों से मेरा परिचय कराते हुए कहा कि "आप लोगों को कोइराला से प्रेरणा लेनी चाहिए। एक तो हम हैं कि अपने राजनीतिक अधिकारों के लिए संघर्ष में

मरने से डरते हैं और दूसरे कोइराला हैं कि उस संघर्ष का बीड़ा उठाकर मृत्यु का आह्वान स्वीकार कर काठमांडू जा रहे हैं।" उसने मुझसे कहा कि उसकी अभिलाषा मेरे सारे लेखों का अनुवाद हिन्दी में करने की है। यहाँ एक बात बतला दूँ : वह मेरे एक नेपाली उपन्यास 'नरेन्द्र दाई' का हिन्दी में अनुवाद कर चुका था और उसके प्रकाशन की व्यवस्था कर रहा था कि आपातस्थिति लागू हो गई थी।

मई के आरम्भ में राजकाज अपराध-कानून के तहत आरोपित कुछ अभियोगों के लिए जब मुझे सर्वोच्च अदालत में पेश किया जा रहा था तो वहीं अदालत में मुझे दिनमान की एक प्रति हठात् मिली जिसके आवरण पर रेणु की तस्वीर छपी थी। तस्वीर देखते ही मैंने वह अंक लपककर उठा लिया, लेकिन जब समाचार पढ़ा तो सन्न हो गया। वह रेणु की मृत्यु के विषय में था। उसकी मृत्यु से लगा कि मेरी एक बड़ी चीज खो गई है। कोई दूसरा उस समय होता तो मैं चाहता कि उस दुख को मैं मौन रहकर झेलूँ। लेकिन मैं अदालत में था, जहाँ मुझे अपनी ओर से सफाई देनी थी और अपने वकीलों तथा सरकारी पक्ष के वकीलों की बहस सुननी थी। मुझे जबरन प्रकृतिस्थ होना पड़ा। कोई भी अनुमान कर सकता है कि इसके लिए कितना आत्मसंघर्ष करना पड़ा होगा।

मेरे लिए रेणु मरा नहीं है। वह मेरे हृदय में जीवित है, हम कोइराला परिवार के सदस्यों के हृदय में जीवित है, हम प्रजातंत्र के सारे नेपाली या भारतीय सिपाहियों के हृदय में जीवित है। रेणु मर गया, लेकिन रेणु जिन्दा है। अपनी जिन्दादिली के लिए, अपने क्रान्तिकारी विचारों के लिए, तानाशाही के विरुद्ध संघर्ष के लिए, अपनी जिजीविषा के लिए, अपनी सिसृक्षा के लिए...

(यह आलेख रेणु की पुस्तक *नेपाली क्रान्ति कथा* की भूमिका के रूप में प्रकाशित है।)

वे यहाँ की खुशबू में बसे हैं

—निवेदिता

आँखें खुलीं तो खिड़की के बाहर गाछ पर हरी-हरी पत्तियाँ दमक रही थीं। भोर लाल-लाल कुमुद फूलों में लिपटा था। शेफाली और अड़हुल के पौधे फूलों से भरे हुए थे। चारों तरफ फूल ही फूल हैं। गुल अब्बास, गेंदा, सूरजमुखी, नीले-लाल-सफेद-गुलाबी फूल। अहा, प्राणों में बस गए। यह वही जगह है जहाँ फणीश्वरनाथ 'रेणु' आया करते थे। बाहर दीवारों पर शीशे में मढ़े हुए रेणु के खत टँगे हैं। मैं उनकी लिखावट देख रही हूँ। खत पढ़ रही हूँ। फारबिसगंज की मशहूर कोठी, जहाँ कभी साहित्य और राजनीति के कई रंग मिलते थे। नम मिट्टी की सोंधी खुशबू और ताजगी फिजा में बसी हुई है।

मैं उन्हें महसूस कर रही हूँ। वे यहाँ की मिट्टी की खुशबू में रचे-बसे हैं।... मैं देख रही हूँ उन दीवारों को, ईंट-मिट्टी से बने इस घर को। रेणु से मेरी पहचान इस कदर गहरा गई है कि मैं हाथ बढ़ाकर उनकी हरारत महसूस कर सकती हूँ। मैंने सतहों के नीचे झाँकने की कोशिश की है, जिससे रेणु-आख्यान की छवियाँ उजागर हो सकें। रेणु की यादें जहाँ-जहाँ, मैं वहाँ-वहाँ हूँ। दौर कोई हो, शब्द की तरह लेखक जिन्दा रहते हैं। मैं उनके खत पढ़ रही थी कि बाबूजी मिल गए।

बाबूजी गुनगुनी धूप का मजा ले रहे हैं। किताबों और फूलों के बीच।

क्या रेणु यहाँ रुकते थे? हाँ, बहुत बार! ऐनक के भीतर उनकी आँखें चमकती हैं। यादें चुपके से हमारे पास ठहर जाती हैं।

बाबूजी को लोग यहाँ विद्या बाबू बुलाते हैं। विद्यासागर गुप्त मेरे पिता की तरह हैं। मेरी दोस्त रुचिरा के पिता। जाने-माने सोशलिस्ट बालकृष्ण गुप्त उनके बड़े भाई थे। रेणु की खूब छनती थी उनसे। बालकृष्ण गुप्त और समाजवादी नेता राममनोहर लोहिया गहरे मित्र थे। उनके घर की दीवारों पर गांधी से लेकर लोहिया तक की तस्वीर लगी है। मैंने ऐसे मारवाड़ी परिवार कम देखे हैं, जिनके जीवन में किताबें महत्त्वपूर्ण हों। एक बड़ा कमरा किताबों से भरा है।

बाबूजी ने अपने अतीत को सहेज कर रखा है। इस पर न धूल चढ़ने दी, न खरोंच आने दी। परेशानियों, तकलीफों और भयावह आर्थिक संकट के दौरान रेणु ने जब-जब उन्हें याद किया, उनका परिवार उनके साथ रहा। 10 मार्च, 1978 को लिखे एक पत्र में रेणु ने लिखा, "मैं अच्छी तरह हूँ यदि इसी को 'अच्छी तरह' रहना कहा जाता है। स्वर्ग का सुख भोग रहा हूँ और क्या चाहिए। मनुष्य योनि में जन्म लेकर धन्य हो रहा हूँ। आपसे मिलने की उत्कट अभिलाषा मन में सदा बनी रहती है। किन्तु, जिस कारण से मुँह नहीं दिखला पा रहा हूँ वह आप भलीभाँति समझते होंगे।"

वे रेणु के मुश्किल दिन थे। पैसे की तंगी हमेशा रहती थी। ऐसे समय में पूरा परिवार रेणु की मदद के लिए तैयार रहता था। दुनिया के इतिहास ने यह बताया है कि महान साहित्यकारों, लेखकों और कलाकारों ने कितनी गुरबत में दिन काटे हैं। अगर एंगिल्स नहीं होते तो शायद मार्क्स दुनिया के महान चिन्तक नहीं बनते। अगर बाबूजी का परिवार नहीं होता तो शायद रेणु की जिन्दगी और कठिन होती। उनकी चिट्ठियाँ बताती हैं कि जीवन के अन्तिम दिनों तक वे लोग रेणु की जिन्दगी के अहम हिस्सा थे। रेणु अपने विचारों में, व्यवहार और आचरण में घरेलू जिन्दगी का बहुत एहतराम करते थे।

ऐसे कई ख़त हैं जिनसे हम अपने महान अफसानानिगार को समझ सकते हैं। इन ख़तों से रेणु की व्यक्तिगत जिन्दगी, सोच और साहित्य के बारे में कई संकेत मिलते हैं।

मेरी मुलाकात उनसे वर्षों पहले हो चुकी है। मेरी स्मृतियों में उनका वही रूप बसा है। काले घुँघराले बाल और सफेद धोती-कुर्ता। रिक्शा एक

मकान के सामने जाकर रुका। काले घुँघराले लम्बे बाल, सफेद धोती-कुर्ते में एक आदमी उतरा और अन्दर चला गया। दरवाजे पर सुर्ख फूलों वाला परदा पड़ा था। अन्दर दो कमरे। दूसरी तरफ बावरचीखाना। अमरूद के दरख्त के नीचे पानी का नल। वह आदमी सीढ़ियों से होते हुए दूसरी मंजिल पर चला गया। हम बच्चे उसी घर के नीचे खेल रहे थे। बच्चों ने कहा, लतिका दीदी के घर कोई आया है। दूसरे बच्चे ने कहा, तुम नहीं जानतीं इन्हें! अरे ये वही हैं जिनकी किताब पर 'तीसरी कसम' फिल्म बनी है। बच्चे हैरानी से उन्हें देखने लगे। यही हैं फणीश्वरनाथ 'रेणु'! यह बात आज से करीब इकतालीस साल पहले की है। पटना की तारीख का एक खूबसूरत अध्याय। पहली बार हमने उन्हें यहीं देखा था। उन दिनों मेरे पिता राजेन्द्र नगर में रहते थे। हमारे घर के ठीक बगल में लतिका जी रहती थीं। लतिका जी के बहनोई बुद्धदेव भट्टाचार्य मेरे पिता के दोस्त थे। वे लोग अक्सर लतिका जी से मिलने आते और फिर हमारे घर आते। रेणु जी से तो कभी-कभार ही मिलना होता, पर लतिका जी के घर बच्चों का अड्डा रहता। लतिका जी राजेन्द्रनगर के ब्लॉक नंबर दो में पटना इंप्रूवमेंट ट्रस्ट के मकान की दूसरी मंजिल पर रहती थीं।

किताबों से मुहब्बत मुझे बचपन से थी। जब रेणु जी के बारे में पता चला तो एक दिन मैं चुपके से उनके घर पहुँच गई। दबे पाँव चलती कमरे के खुले दरीचे के नीचे पहुँचकर अन्दर झाँका। कमरे में शाम की पीली धूप चमक रही थी जिसकी आभा रेणु जी के चेहरे पर पड़ रही थी। उनके हाथों में कोई किताब थी। मैं चुपचाप खड़ी उन्हें निहारती रही। अचानक उनकी नजर मुझ पर पड़ी। "अरे, तुम बाहर क्यों खड़ी हो? लतिका, देखो कोई बच्ची आई है।" ये कहकर उन्होंने मुझे अन्दर बुलाया। अपनी किताब बन्द कर दी। मुस्कुराते हुए मेरा नाम पूछा। मैंने शरमाते हुए बताया। वे हँस पड़े और बोले, "अरे वाह! तुम्हारा नाम बहुत सुन्दर है।"

बहुत बाद में मैंने रेणु को पढ़ा और डूबती रही। उनको पढ़ते हुए लगा कहानी उनके रेशे-रेशे में थी। जितनी बाहर थी, उससे कहीं ज्यादा उनके भीतर थी। उनकी कहानियों और उपन्यासों के पात्र जैसे हम सब के

आसपास बिखरे पड़े हैं। चाहे रसप्रिया हो या तीसरी कसम, लाल पान की बेगम हो या पंचलाइट, रेणु हिन्दी में नई कहानी की विशेष धारा हैं जिसमें आंचलिकता की खुशबू है।

पटना में आज भी मुझे राजेन्द्रनगर का इलाका सबसे ज्यादा पसन्द है। शायद बचपन और जवानी के दिन ही ऐसे होते हैं कि आप जहाँ रहें वह जगह गुलजार रहती है। मेरी यादों में पटना और पटना में राजेन्द्रनगर सबसे ज्यादा बसा है, जहाँ पुराने शहर की झलक मिल जाती है। सड़क के दोनों किनारे पुरानी ईंटों की इमारतें जिनकी मेहराबों के नीचे बूढ़े, जवान बात करते मिल जाते हैं। यहाँ आज भी अंग्रेजी अहद की यादगार इमारतें गर्द-आलूद सड़कों के किनारे खड़ी हैं। अगर आपको पुराना पटना याद हो तो पटना में ताँगे, बसों और साइकिल और रिक्शा सवारों के रेले गुजरते थे। तब मोटर कार से सड़कें इस कदर लहूलुहान नहीं थीं। ऊँचे दरख्त और गंगा पर बरसती हुई चाँदनी से नहाया हुआ मेरा पटना ऐसा ही था। उर्दू के शायर अदीब, हिन्दी और बांग्ला के अफसानानिगार पटना के गलियों, चौराहों पर मजमा लगाए मिल जाते थे। चन्द मील के फासले पर पटना यूनिवर्सिटी की खूबसूरत इमारतें। किताब की दुकानें। पुरानी चीजें पुराने दोस्तों की तरह होती हैं, जिन्हें देखते हुए हम उन्हें नहीं, अपनी गुजरी हुई जिन्दगी को देखते हैं। आज फिर वर्षों बाद अपने प्रिय अफसानानिगार से मिल रही हूँ। उनकी जमीन पर। वे नहीं हैं, पर यहाँ की हर चीज पर उनकी छाप है।

(जनसत्ता, 31 मार्च, 2019)

रेणु के कागजात

रेणु के इन कागजों में उनकी लिखी कुछ चीजें हैं। ज्यादातर आधी-अधूरी ही हैं। इनसे उनके रचनाकर्म को जानने-समझने में मदद मिल सकती है।

बेटी को एक पत्र

मेरी बहादुर बेटी

तुम्हारी बीमारी के बारे में जानकर
अपने को रोक नहीं सका।
पत्र लिखने बैठ गया हूँ। पत्र लिखने के बाद यह
किया कि तुम्हारी बीमारी का खयाल करके,
पत्र को पहुँचने दिया।
तुम्हारी चिट्ठी पाकर
परिवार के लोग इतना घबड़ा गए हैं,
और परीशान हो गए हैं कि समझाना मुश्किल हो रहा है
गौना के पहले मैंने तुम्हारे लिए एक पत्र

तैयार करना शुरू किया था, जो अधूरा रह गया। उसमें रसोईघर से लेकर, बाथरूम और ड्राइंगरूम तक में तुम्हारे कर्तव्यों के बारे में थोड़ा-सा लिखा था। अगर वह पूरा लिखा जाता तो उसमें एक अध्याय होता 'परिवार के

किसी सदस्य के बीमार होने पर रोगी की तीमारदारी और देखभाल' और उसके बाद होता—'स्वयं बीमार पड़ने पर!'

तुम कहोगी कि स्वयं बीमार पड़ने पर आवश्यक कर्तव्य भला क्या हो सकता है? हाँ, बेटी होता है। रोगी के लिए कर्तव्य है। जैसे—समय पर दवा खाना। सदा खुश रहने की चेष्टा करना। दवा खाने अथवा कैसे खानी है इसे जानना। बेकार चीख-पुकार नहीं मचाना। तीमारदारी और सेवा करनेवालों को ज्यादा परीशान नहीं करना।

फिर अगस्त आ गया!!

1942 की अगस्त-क्रान्ति के बाद—सारे भारत में 'अगस्त' का महीना एक 'पवित्र मास' समझा जाता है क्योंकि इस महीने का पहला दिन ही—सैकड़ों अमर शहीदों की पुण्य स्मृतियों का एक 'लाल गुलदस्ता' हमें भेंट कर जाता है। लाल गुलदस्ता—शहीदों की समाधियों और मजारों पर उगे हुए बनफूलों की कलियों का गुलदस्ता। शहीदों के पवित्र रक्त की लाली से रंगे हुए लाल फूलों का गुलदस्ता। हर वर्ष यह अगस्त आता है—हमें झकझोर कर रख देता है। हम 9 और 15 अगस्त को विशेष पावन-दिवस भी मनाते हैं। हाँ, यह भी सच है कि पिछले कई वर्षों में 15 अगस्त अपना वास्तविक महत्त्व खोकर महज सरकारी अफसरों और उनके महकमों में झंडे फहराने और स्कूलों में 'लेमनचूस' बाँटने का एक खास दिन बन गया था।

किन्तु, इस बार अगस्त सिर्फ स्मृतियों की झोली अथवा क्रान्ति का झंकार मात्र लेकर नहीं आया। इस बार यह एक नई और सम्पूर्ण क्रान्ति का साकार रूप धर कर आया है।

नमस्कार—अगस्त 1974! तुमको शत्-शत् नमस्कार!

सलाम लो इन्कलाबी अगस्त!!

कबूल करो हमारी जंगी सलाम!

तुम्हारी अगुआनी में हमारे सैकड़ों शहीदों ने अपनी जानें निछावर कर दी हैं। हजारों सिर में कफन लपेटे अपने कर्मों को ढूँढ़ते फिर रहे हैं—शहरों की सड़कों पर, गाँवों की गलियों में।

आओ हम तुम्हारा स्वागत करते हैं।

•

रिक्शा लेता और सेन्ट्रल या प्रिंस अथवा...की सीढ़ियों पर...। वहाँ चोपड़ा, सिंघ, वर्मा, घोष...चौधरी और छोटकू बाबू...झींगा—कटलेट, गोली कबाब, शराब—इधर आटा गूँध कर सिगड़ी अंगार कर बैठी पत्नी खुद सिगड़ी जैसी सुलगती रहती। रात के दस, साढ़े दस, ग्यारह बजे—हथुआ मार्केट में विश्वनाथ की दुकान का मगहिया पान चबाता हुआ लौटता तब शुरू होता नाटक का अन्तिम दृश्य : रोटियों में घी क्यों दिया? जानती हो घी-चुपड़ी रोटी से मुझे सख्त नफरत है। जवाब मिलता—रोटियों में घी नहीं दारू लगाई जाती है?

पत्नी जब चुप हुई तो सूचना देने के लिए मैं बोला—कल श्रीमाँ का जन्मदिन है। दिन में पूजा और हवन और रात को श्री श्रीमाँ फिल्म!

—फिल्म? मुफ्त में ही?

—कल ही नहीं लगातार तीन रात—कल, श्री श्रीमाँ, परसों—वीरेश्वर, विवेकानन्द और मीराबाई। नरसों—परमहंस रामकृष्ण!

हमारे सोने के कमरे के एक कोने में एक छोटी-सी चौकी पर रंगीन चदरी बिछी हुई है। उस पर, गणेश, शिव, बुद्ध, सरस्वती, रामकृष्ण की मिट्टी की छोटी-छोटी मूर्तियाँ हैं—दीवार के सहारे एक दशभुजा दुर्गा की रंगीनतर चित्रकारी की है उसके सामने...रामकृष्ण और महाकाली की...

नहीं, निवेदिता ने भी अपने गुरु की तरह, अपने गुरु को 'बजा' कर देख लिया था और बाद में 'अंध' हो गई थी।...

'मन चलो निज निकेतने'—पहली मुलाकात के दिन, रामकृष्ण को भजन सुना रहे हैं नरेन। गीत समाप्त हुआ और रामकृष्ण भाव-समाधि से निकलकर—नरेन को अश्रुपूर्ण नेत्रों से देखते हैं। किन्तु, नरेन (विवेकानन्द) की आँखों में उपेक्षा, उपहास, शंका देखकर संयत हो जाते हैं।... किन्तु, नरेन के बिना वे एक दिन, एक घड़ी, एक पल भी चैन से नहीं रह सकेंगे।... ओ के आमार चाय!... ओ आमार गुरु। आमार नारायण। ओ जे कृष्ण, आमि तार मां यशोदा।

—ले, खा! तुम्हारे लिए कब से नेनु-गोरस लेकर बैठी हूँ। लो, 'संदेश' खा लो। खाओ ना!...

—ओह! क्या पागलपन है, छोड़िये! मुझे जाने दीजिये। मुझे आपके इस 'भाव' वगैरह में विश्वास नहीं। ... सब वुजरुकी!

नरेन—एक तूफान! प्रचंड आँधी है, नरेन। उसको कोई बाँधकर नहीं रह सकता। इस अपढ़ अंधविश्वासी, पागल को कौन समझावे कि नरेन मूर्ख नहीं। वह विज्ञान का विद्यार्थी है।...

आश्चर्य! पागल ने आँधी को मुट्ठी में कैद कर लिया?

ईश्वरचन्द्र विद्यासागर, केशव सेन, बंकिमचन्द्र, गिरीश घोष सभी अवाक् हुए! ...नरेन रात में गंगा में तैर कर दक्षिणेश्वर पहुँचा। घाट पर रामकृष्ण पहले से ही खड़े हैं—आय रे! आमि कबे थेके दांड़िये आछि!

—यह आपने क्या किया? मुझ पर ऐसा जादू क्यों डाला आपने? ... मुझे छोड़ दीजिये! मेरी माँ हैं, भाई हैं, परिवार है। मेरा सब कुछ क्यों छीन लिया आपने?

—जाओ। ...जाओ ना। जा सकोगे?

...रेडियो से आखिरी बार—रात को—समाचार प्रसारित हो रहा। रामेश्वरम-धनुषकोटि...!

●

को रामः?

24 दिसम्बर, 64। रामकृष्ण मिशन में आयोजित Ch. eve से लौट रहा हूँ। मन-प्राण एक सुगंध में डूबा हुआ है। जीभ पर प्रसाद (केक) की गुलाबी मिठास। ओवरकोट इतना भारी है कि लगता है, कंधे पर सलीब ढो रहा हूँ। अभी मैं जो कुछ भी देखता हूँ, उस पर एक 'क्रॉस' की छाया पड़ जाती है—सड़क, रोशनी, रिक्शा, आदमी—क्रॉस-क्रॉस-क्रॉस—हठात् हार्न सुनकर, बायें एम्बुलेंस का हार्न-रेडक्रास!

रात को भोजन करते समय लगा, मेरे कानों के पास कोई मद्धिम गद्गद कंठ से पढ़ रहा है—"भोजन करते समय येसु ने रोटी ली और उसे आशीष देकर तोड़ा और अपने शिष्यों को देते हुए कहा, लो और खाओ, यह मेरा शरीर है।...तब कटोरा लेकर धन्यवाद दिया और यह कहते हुए उन्हें दिया—इसमें से सबके सब पी लो, क्योंकि यह मेरा लहू है, व्यवस्थान का लहू जो बहुतों के लिए बहाया जा रहा है, कि उन्हें पापों की क्षमा मिले।...मैं ही रोटी हूँ जीवित रोटी, जो स्वर्ग से उतरी है...जो संसार के जीवन के लिए समर्पित है।..."

मैं मन-ही-मन सोचता हूँ, यदि उस समय एम्बुलेंस का हार्न मुझे संकेत नहीं कर देता, रोशनी में मुझे रेडक्रास नहीं दिखलाई पड़ता तो मैं दाहिने मुड़ रहा था। दाहिने सारदा की बड़ी-सी तस्वीर!

पास फर्श पर धूपदानी है और सोलन के बोतल में गंगाजल बोतल

का लेबुल। चौकी पर कई ग्रंथ हैं और एक छोटी-सी थाली में दो शंख, एक सफेद सुडौल पत्थर, एक अदद रुद्राक्ष!

एक बार एक इंटेलेक्चुअल महिला ने पूछा था—सारदा की तस्वीर को सबसे ऊपर यानी रामकृष्ण से भी ऊपर, टाँगने का खास मतलब है क्या?

सच बात यह है कि जगह और आकार तस्वीरों को लटकाने-सजाने के समय सहूलियत का ही ध्यान रखा जाता है।

•

जेहि दिन नग्र पधार्यो राजा भरथरी...ई-ई-ई-ई...
मँजरल बगियन में आँय्म;
फूलवा जे फूले कचनार राजा,
फूले सेमल के बाग—
कुँहूँ-कुँहूँ-कुँहूँ-...ऊँ-ऊँ...!!
लाल-लाल एक लाल आसमान
फागुन पहुँचल आँ-य-य-न—
नग्र भर में शोर करी कोयली वे-एँ-एँ...!
राजा—"मालिक आबि गेल गाँ-आ-आम!"
... कुँहूँ-कुँहूँ-कुँहूँ!!!
कोयली राजा भरथरी (?) के राज के एकमात्र गाँव
'मुसहर टोली' की साँवली-सलोनी
सुकंठी मुसहरनी है, जो
पिछले साल 'पच्छिम' से आई है, बिरहा जानती है।
कभी इसका बिरहा सुनिएगा!...

आर सब कुशल नीके बुझू—एखनो आसनी 'पाथै' नाँहि
सकल ही झंझटो त ऽ म ने। ...हमरा विश्वास आछे ने
एहो बो—'दिग्-बन्ही' त त ऽ हम बिढयें कब! अंत, भावेव्य
कर हाथ!
'दुखख मास्टर' हमरा ने किये सुनैलो को नो दिन? 'कल्पना'
में जतन वा पढ़ लैं—तकर बाद जीयन सधोरित बुझ लैं आछि,

गीत

मेरे मन के आसमान में पंख पसारे
उड़ते रहते अथक पखेरू प्यारे-प्यारे!

मन का मरु मैदान तान से गूँज उठा
थकी पड़ी सोई-सूनी नदियाँ जागीं

तृण-तरु फिर लह-लह पल्लव दल झूम रहा
गुन-गुन स्वर में गाता आया अलि अनुरागी

यह कौन मीत अगनित अनुनय से
निस दिन किसका नाम उतारे!

हौले, हौले दखिन-पवन-नित
डोले-डोले द्वारे-द्वारे!

बकुल-शिरिष-कचनार आज हैं आकुल
माधुरी-मंजरी मंद-मधुर मुस्काई

क्रिशनचुड़ा की फुनगी पर अब रही सुलग
सेमल वन की ललकी-लहकी प्यासी आगी

जागो मन के सजग पथिक ओ!
अलस-थकन के हारे-मारे

कब से तुम्हें पुकार रहे हैं
मीत तुम्हारे इतने सारे।

गीत

यह फागुनी हवा! 2 ...
(मेरे) दर्द - ऽ - की द-वा लेकर आई-ई-ई,
मेरे दर्द-की दवा!!

आँगन - ऽ - बोले कागा! 2 ...
पि-छ-वा-ड़े कूकती-ई कोयलिया
दिल से दुआ देती आई-ई-ई

कारी कोयलिया। यह फगुनी हवा
कारी कोयलिया-या मेरे दर्द-ऽ-की दवा
लेके आई-ई-दर्द की दवा।

बन-बन, गुन-गुन कर
बोले भौंरा!
मेरे अंग-अंग झनन

बोले मृदंग मन—मीठी मुरलियाँ!
यह फागुनी हवा
मेरे दर्द की दवा लेके आई
कारी कोयलिया!

अग-जग-अँगड़ाई लेकर जागा! 2
भागा भय-भरम का भूत
दूत नूतन युग का आया
गाता गीत नित्य नया
यह फागुनी हवा!

स्वतंत्रता संग्राम के गीत!

सहर-संग। गीत-एक ...!
आज से तीस-बत्तीस बरस पूर्व—सन 1924-25+
के भारत की क्या अवस्था थी—इसकी कल्पना! बन्देमातरम्
उच्चारण करने के अपराध में जब गेल-गेल फाँसी हो सकती
थी। गुलामी की बेड़ी में जकड़ी
मर-मिटने वाले परवानों की जरूरत थी।
भारत माता की—
गीत बहुत गाए गए होंगे—किन्तु जिनकी मधुर ...
गंगा रे जमुनवा की धार, नयनवा से नीर बही!
गीत का आवेदन—प्रतिक्रिया!

•

श्री चरणेषु,

यह रहा मेरा पत्र!

पहली प्रार्थना : आप अपने हर मुलाकातियों के सामने अपनी बारह वर्ष और जीने की अभिलाषा न प्रकट किया करें तो अच्छा। ... बहुत लोग, इसी अभिलाषा को आपका मूल राग समझेंगे। दुमुहानी या तेमुहानी की बात भी आपके मुँह से हम नहीं सुनना चाहते। बेनीपुरी [असल बेनीपुरी, जो शुरू से और जीवन के अन्तिम बिन्दु तक ... बेनीपुरी रहेगा!] कभी किसी तेमुहानी पर खड़ा होकर, एक-दूसरे से अपने गंतव्य पथ पर राय नहीं माँगेगा। ...

तेमुहानी या चौमुहानी ही वे स्थल हैं जहाँ क्षण भर बैठकर कलाकार अपने "I" के आयने—बात करता है। बाद में उन स्थलों पर स्वयं ही एक हरी-भरी फुलकारी करके साक्षी-अन्तर्मन। भावसर्जन? ... आकाश में उड़ते हुए वकों की पंक्ति को वश में कर श्री रामकृष्ण परमहंस के मन का हंस पहली बार, शांत पुष्कर जी के मठ की तरह स्थिर हो गया था। Cottage-12 से बहती हुई गंगा का जीवन का अंश दिखलाई पड़ता है।

जयप्रकाश जी जब चौमुहाने पर थे, मैं उछाह में था। आज, जब वे विदेश में हैं, मैं उछाह में हूँ—बावजूद इसके कि उनकी सत्संग सभाओं में कहीं-कहीं एकाध दर्जन लोग ही इकट्ठे होते हैं और बावजूद इसके कि वह अपने लिए सर्वोदय रखकर बाकी भारतीय के लिए कम्युनिज्म...।

लड़ाई के बाद बादल उमड़-घुमड़ रहे हैं। संसार भर के राजनेताओं (और जेपी) जिन्हें कि आज अपने देश के राजनेताओं, कूटनीतिज्ञ भाषा, सत्संग करता फिर रहा है। स्वामी विवेकानन्द के बाद जयप्रकाश नारायण ही...

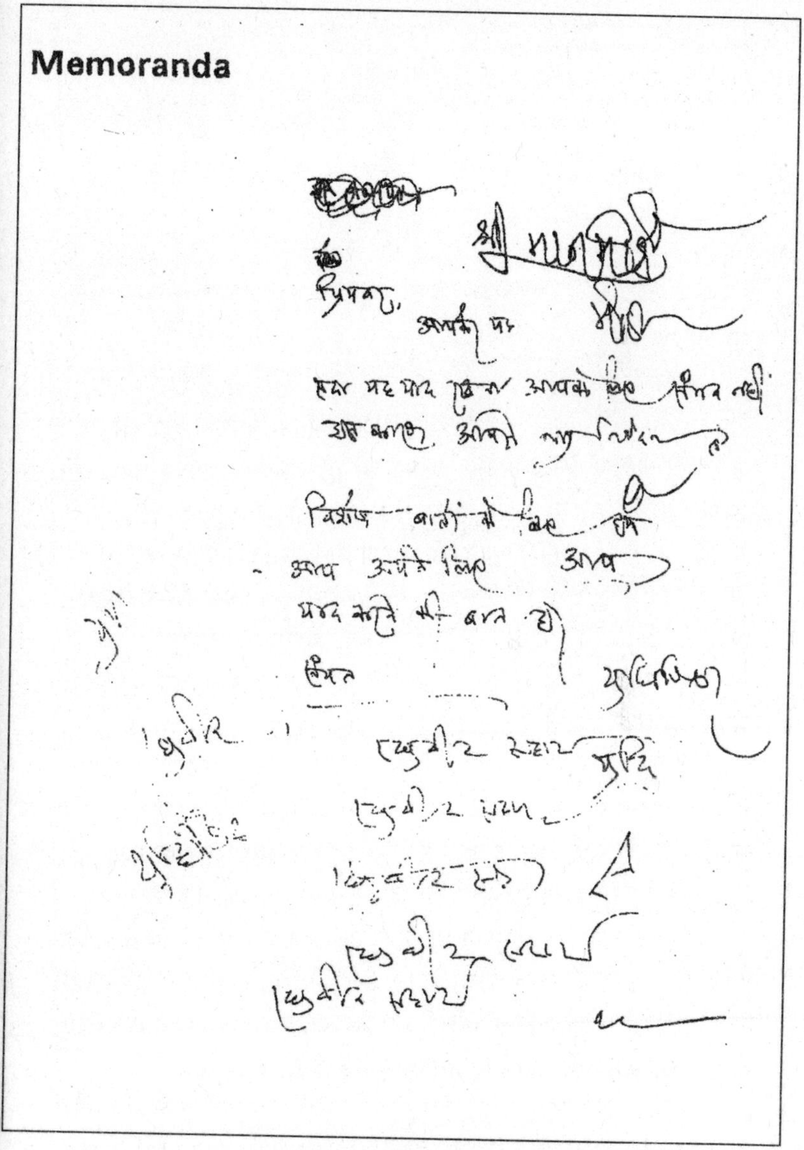
Memoranda

रेणु के कागजात में एक पन्ना यह भी है जिस पर उन्होंने रघुवीर सहाय का नाम कई तरह से लिखा है।

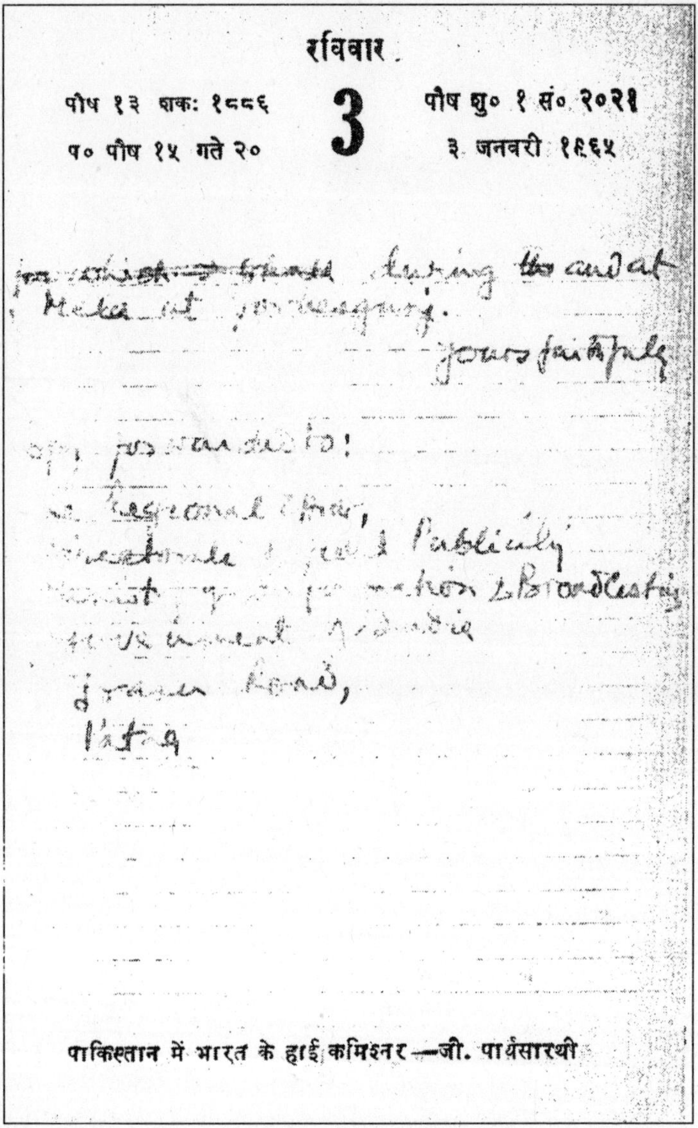

रविवार

पौष १३ शकः १८८६ | 3 | पौष शु० १ सं० २०२१

१० पौष १५ गते २० | ३ जनवरी १९६५

[illegible] during [illegible]

[illegible] your enquiry.

Yours faithfully

Copy forwarded to:

The Regional Officer,

Directorate of Field Publicity

Ministry of Information & Broadcasting

Government of India

Fraser Road,

Patna

पाकिस्तान में भारत के हाई कमिश्नर—जी. पार्थसारथी

रेणु की अंग्रेजी हस्तलिपि

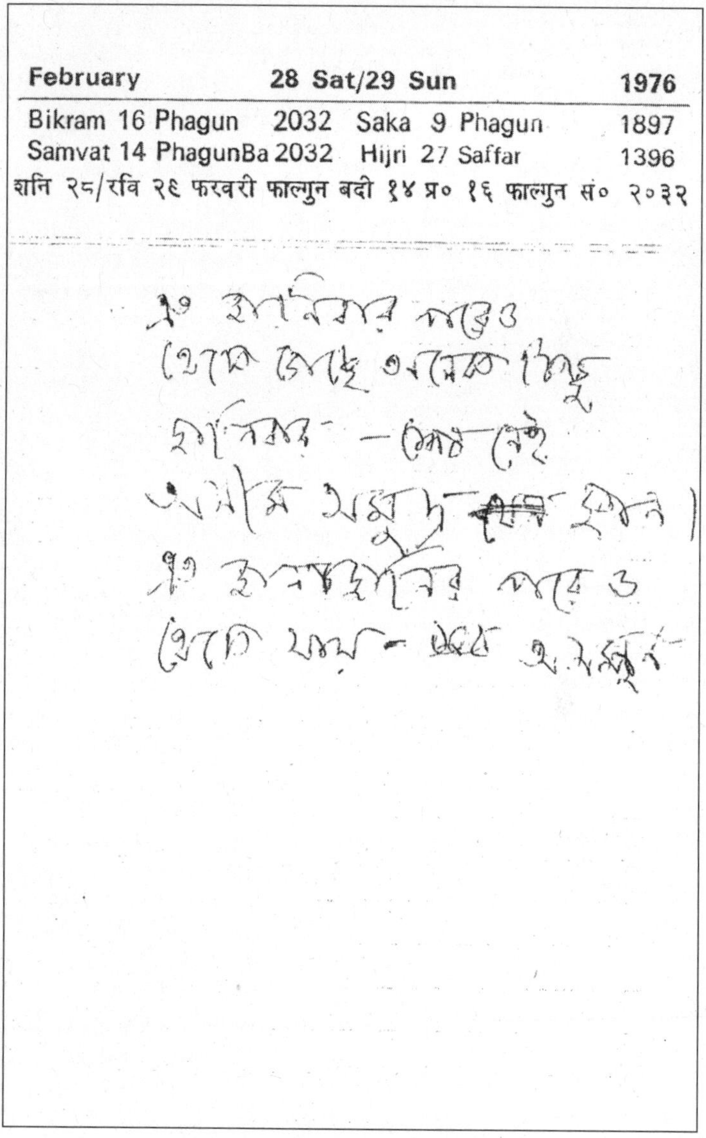
February 28 Sat/29 Sun 1976

Bikram 16 Phagun 2032 Saka 9 Phagun 1897

Samvat 14 PhagunBa 2032 Hijri 27 Saffar 1396

शनि २८/रवि २९ फरवरी फाल्गुन बदी १४ प्र० १६ फाल्गुन सं० २०३२

रेणु की बांग्ला हस्तलिपि

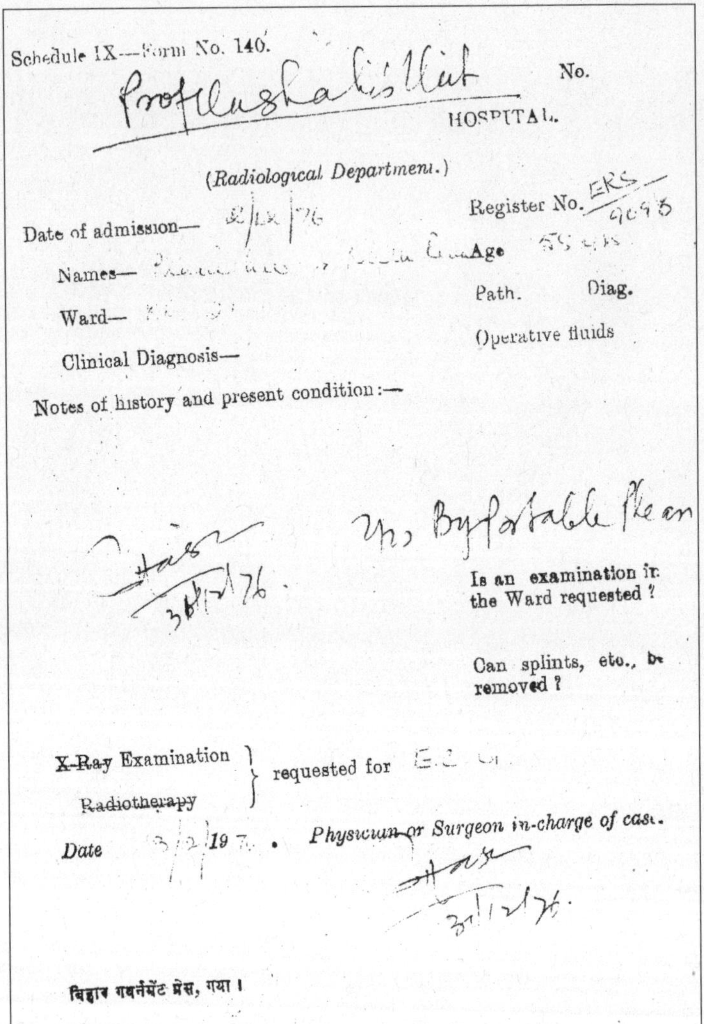
Schedule IX—Form No. 140.

No.

HOSPITAL.

(*Radiological Department.*)

Register No.

Date of admission—

Names—

Age

Path. Diag.

Ward—

Operative fluids

Clinical Diagnosis—

Notes of history and present condition:—

Is an examination in the Ward requested ?

Can splints, etc., be removed ?

~~X-Ray~~ Examination } requested for
~~Radiotherapy~~

Date 19 . *~~Physician~~ or Surgeon in-charge of case.*

बिहार गवर्नमेंट प्रेस, गया।

रेणु की मेडिकल रिपोर्ट

'माधुरी' के दिसम्बर 1973 अंक में प्रकाशित, शैलेन्द्र पर रेणु के संस्मरण का पहला पन्ना

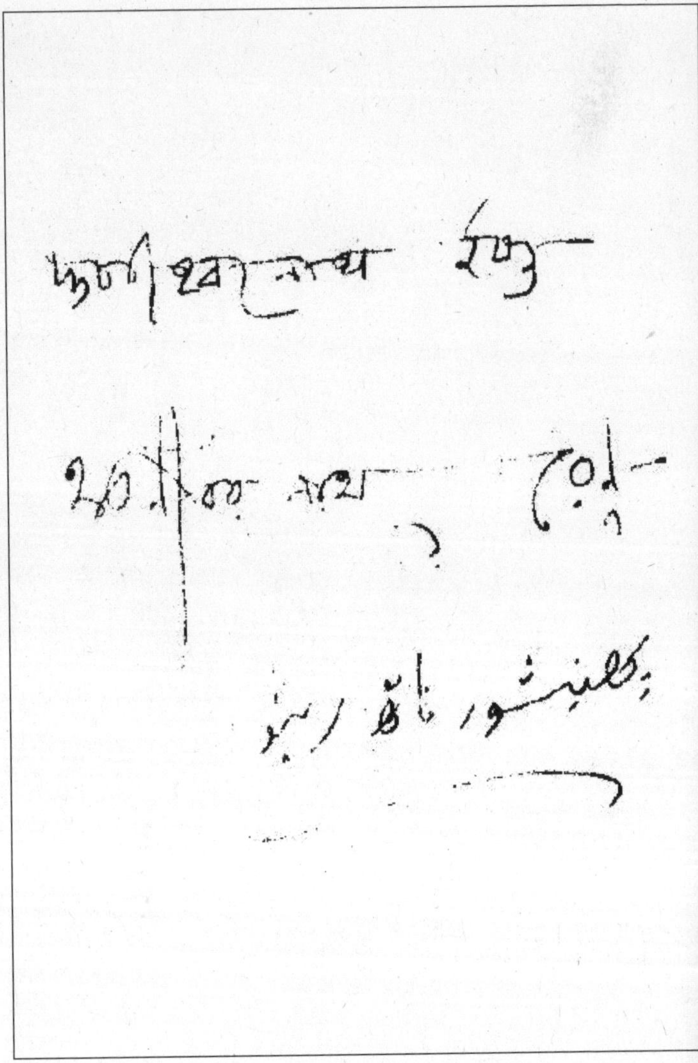

हिन्दी, बांग्ला और उर्दू में रेणु जी के हस्ताक्षर

चित्र-वीथी

रेणु और बिरजू बाबू जगदीश मिल्स में

रेणु, अज्ञेय और प्रफुल्लचन्द्र ओझा मुक्त

बिरजू बाबू और नागार्जुन

रेणु : दो मुद्राएँ

ओमप्रकाश दीपक, रेणु और सर्वेश्वरदयाल सक्सेना

अज्ञेय, रामवचन राय और रेणु

रेणु के गाँव औराही-हिंगना में धनरोपनी करते नागार्जुन (सबसे बाएँ), बिरजू बाबू (बाएँ से दूसरे), रेणु और ग्रामवासी

रेणु के गाँव में धनरोपनी करते बिरजू बाबू

औराही-हिंगना में नागार्जुन, बिरजू बाबू और रेणु

बिरजू बाबू, रेणु और नागार्जुन

रेणु के गाँव में बिरजू बाबू, रेणु और नागार्जुन

लता मंगेशकर, शंकर जयकिशन, शैलेन्द्र, रेणु 'तीसरी कसम' के गानों की रिकार्डिंग के समय

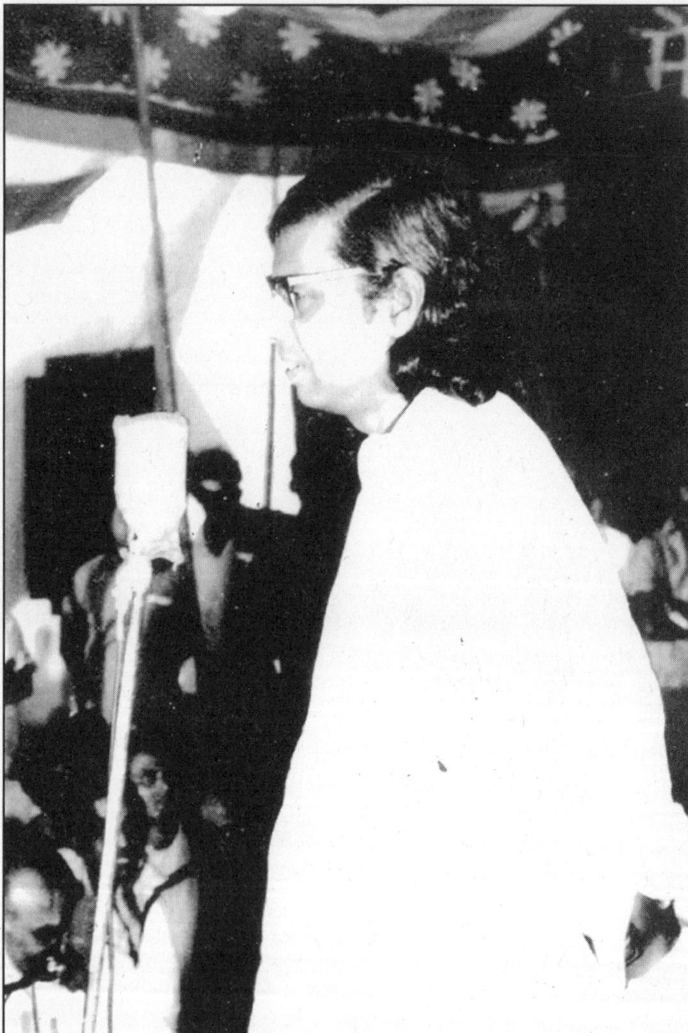

जनता से मुखातिब रेणु

विद्यासागर गुप्ता

विद्यासागर गुप्ता एक ऐसे मिल मालिक हैं जो युवावस्था से ही गांधीवाद और समाजवाद से प्रभावित रहे। 15 साल की उम्र में ही अंग्रेजी हटाओ आन्दोलन में एक महीने के लिए पूर्णिया जेल गए। डॉ. राममनोहर लोहिया और बड़े भाई बालकृष्ण गुप्ता के सान्निध्य में कई आन्दोलनों में भाग लिया। नेपाली कांग्रेस के शुभचिन्तक रहे और नेपाल क्रान्ति के महत्त्वपूर्ण सहयोगी। समतावादी साहित्य-विचार के फैलाव के लिए लोहिया द्वारा स्थापित खोज परिषद् के कर्ता-धर्ता रहे। आपके सहयोग से संसद के केन्द्रीय कक्ष में डॉ. लोहिया का तैलचित्र लगा है।

फारबिसगंज और कोलकाता स्थित आपका घर समाजवादियों का गढ़ रहा—भारत छोड़ो आन्दोलन में जयप्रकाश नारायण और अरुणा आसफ अली यहाँ रहे। नेपाल के लोकतांत्रिक आन्दोलन के समय कोइराला परिवार यहाँ रहा। क्यूबा के क्रान्तिकारी चे गेवारा आपके बड़े भाई से मिलने यहाँ आए। यह घर रेणु और नागार्जुन का भी ठिकाना बन गया था।

आप इन दिनों कोलकाता और फारबिसगंज में रहते हैं तथा पठन-पाठन में सक्रिय हैं।

सम्पादन

प्रयाग शुक्ल

28 मई, 1940 को कलकत्ता (अब कोलकाता) में जन्मे प्रयाग शुक्ल हिन्दी के वरिष्ठ कवि, कथाकार, कला-समीक्षक और अनुवादक हैं। आपकी अब तक पचास से अधिक पुस्तकें छप चुकी हैं, जिनमें शामिल हैं—*यह जो हरा है* (कविता); *कम्प्यूटर स्क्रीन में मोर* (कहानी-संग्रह); *गठरी* (उपन्यास); *कला की दुनिया में, आज की कला, स्वामीनाथन : एक जीवनी, हुसैन की छाप* (कला); *ग्लोब और गुब्बारे, सुरगाँव बंजारी* (यात्रा-वृत्त) आदि। बांग्ला से, गीतांजलि समेत रवीन्द्रनाथ के लगभग तीन सौ गीतों का अनुवाद। शंख घोष, जीवनानन्द दास, तसलीमा नसरीन की कविताओं के अनुवाद भी प्रकाशित हैं। सम्पादित पुस्तकें हैं—*कला और कविता, कल्पना* (काशी अंक), *कविता नदी, रंग तेन्दुलकर*। *कल्पना* से शुरू करके, *दिनमान, नवभारत टाइम्स* के सम्पादक मंडल में रहे हैं। *रंग प्रसंग, समकालीन कला, संगना* जैसी पत्रिकाओं के पूर्व सम्पादक। बच्चों के लिए लिखने में विशेष रुचि है : *धम्मक धम्मक, मिश्का झूल रही है झूला, कहाँ नान के पाँव, केवल के केले* आदि बाल कविताओं के संग्रह हैं।

2021 में आपके चित्रों-रेखांकनों की एक प्रदर्शनी आयोजित की जा चुकी है। इन दिनों नोएडा (राष्ट्रीय राजधानी क्षेत्र) में रहकर स्वतंत्र लेखन और चित्र-रचना।

रुचिरा गुप्ता

रुचिरा गुप्ता एक ऐसे समाज का सपना देखती हैं जहाँ कोई इनसान बेचा या खरीदा न जाए। आप विश्व नारी आन्दोलन में सक्रिय हैं, न्यूयॉर्क यूनिवर्सिटी में प्रोफेसर हैं, संयुक्त राष्ट्र को देह-व्यापार के खिलाफ कानून बनाने में सलाह देती हैं। दुनिया के 40 देशों के कानूनों में आपका योगदान है। इस योगदान के लिए आपको अनेक पुरस्कार मिले हैं जिनमें 'फ्रेंच शेवलियर', 'क्लिंटन ग्लोबल सिटिजन' और संयुक्त राष्ट्र का 'वुमन ऑफ डिस्टिंक्शन' शामिल हैं। आप मानती हैं कि लोकतंत्र को बचाने के लिए परिवार के अन्दर सबसे पहले लोकतंत्र लाना पड़ेगा और परिवार के अन्दर लोकतंत्र लाने के लिए लिंग-भेद को खत्म करना पड़ेगा।

आपने दो किताबों का सम्पादन किया है–*रिवर ऑफ फ्लैश* और *आस इफ विमिन मैटर*। आपकी पढ़ाई-लिखाई कोलकाता और फारबिसगंज में हुई है और आप भी अपने पिता विद्यासागर गुप्ता की तरह समाजवादी और गांधीवादी आन्दोलन से प्रभावित हैं।